AF750100

L'action de l'État en mer et dans les eaux continentales au Congo

Collection « Études africaines »

Forte de plus de mille titres publiés à ce jour, la collection « Études africaines » fait peau neuve. Elle présentera toujours les essais généraux qui ont fait son succès, mais se déclinera désormais également par séries thématiques : droit, économie, politique, sociologie, etc.

Dernières parutions

Coumba CISSÉ, *Vivre à l'ombre du barrage de Manantali, Les représentations sociales des impacts*, 2025.
Sidi Tiémoko TOURÉ, *L'histoire oubliée de Mori Touré le Conquérant. De l'Empire songhaï à Marabadjassa (1492-1960)*, 2025.
Mamadi KABA, *Renaissance du Sahel, L'Alliance des États du Sahel*, 2025.
Amadou MBEYAP KUTNJEM, *La justice sportive au Cameroun. Genèse et dynamiques du processus de règlement des litiges sportifs*, 2025.
Trésor LUMFUANKENDA BUNGIENA, *Architecture du care en République démocratique du Congo, Repenser l'infrastructure hospitalière*, 2025.
François KODENA (dir.), *Jean-Marc Ela ou l'audace de géo-penser. Message à la jeunesse panafrikaine*, 2025.
Riman VAN, *Les défis contemporains de la démocratie et des droits de l'homme en Afrique. Étude à l'aune du droit international et du droit régional*, 2025.
Salomé SOLOUM, *Mode vestimentaire, accessoires et parures corporels dans le sud-Bénin du XVIIe au XIXe siècle*, 2025.
Salomon MAMPETA WABASA, *Gouvernance du parc national de la Salonga en RD Congo, Protectionnisme écologique et résistances locales*, 2025.
Ibrahim HAROUNA OUSMANE, Enjeux sécuritaires et mobilisation des jeunes dans les groupes extrémistes violents, Une analyse par l'exemple d'Abala au Niger, 2025.
Sous la direction de Saouré KOUAME, Philanthropie et développement de l'Afrique, 2025.

Sous la direction de
Éric Olivier Sébastien DIBAS-FRANCK

L'action de l'État en mer et dans les eaux continentales au Congo

Actes du colloque scientifique international,
les 28 et 29 juillet 2023, à Pointe-Noire.

L'Harmattan

Du même auteur

La construction maritime au Congo, L'Harmattan, 2023.

Le droit maritime dans la zone CEMAC, L'Harmattan, 2018.

Le code communautaire CEMAC, de la marine marchande de 2012, L'Harmattan, 2018.

La convention des Nations Unies pour un contrat de transport international des marchandises effectué entièrement ou particulièrement en mer, L'Harmattan, 2013.

Le renouvellement du bail à usage personnel des pays de la zone OHADA, L'Harmattan, 2013.

Destins maudits (roman), L'Harmattan, 2011.

© L'Harmattan, 2025
5-7, rue de l'École polytechnique - 75005 Paris

www.editions-harmattan.fr
ISBN : 978-2-336-53143-4
EAN : 9782336531434

PROGRAMME DU COLLOQUE

Vendredi 28 Juillet 2023

Salle de conférences du Conseil Congolais des Chargeurs

Thème :

L'ACTION DE L'ÉTAT EN MER ET DANS LES EAUX CONTINENTALES AU CONGO

Colloque scientifique international, organisé par le Secrétariat permanent du comité interministériel de l'action de l'État en mer et dans les eaux continentales, en partenariat avec l'Association congolaise du droit maritime.

MATINÉE

08h45 – Accueil et inscription des participants

10h00 – Cérémonie d'ouverture

Modératrice : Madame **Gladys KISSIORO**

- Mot de circonstance du Secrétaire permanent du comité interministériel de l'action de l'État en mer et dans les eaux continentales, Monsieur **Éric Olivier Sébastien DIBAS-FRANCK** ;

- Discours d'ouverture de son Excellence Monsieur **Gilbert MOKOKI**, ministre de la Santé et de la population, Représentant le Premier Ministre, Chef du Gouvernement, Président du Comité interministériel de l'action de l'État en mer et dans les eaux continentales.

INTRODUCTION GÉNÉRALE DES TRAVAUX : Professeur **Godefroy MOYEN,** Président du comité scientifique du colloque.

11h30 : DEBUT DES PANELS

PANEL 1 :

SOUS-THÈME 1 : Partage d'expériences sur le concept de l'action de l'État en mer

Modérateur : Monsieur **Jean-Louis OSSO,** Conseiller du Président de la République, Chef de l'État, Chef du Département des Transports

Intervenants :

- Monsieur **Patrick NOUETTE**, pour le compte de Monsieur **Pierre MAESTRE**, Coordonnateur de l'action de l'État en mer à la Direction de la coopération de sécurité et de défense du ministère des affaires étrangères-France ;

- Monsieur **Binessi Komlan AKAKPO**, Directeur de l'action de l'État en mer Togo ;

- Monsieur **Ernest TINDO**, Président de l'association béninoise de droit maritime – Bénin ;

- Monsieur **NGANONGO Jean Bosco,** Directeur général de la faune et des aires protégées – Congo ;

Discussion

12h45 – SOUS-THÈME 2 :

Mise œuvre de l'action de l'État en mer et dans les eaux continentales : coordination et mutualisation

Modérateur : Contre-amiral **René NGANONGO**, Chef d'Etat-major de la marine nationale

Exposant : Monsieur **Abroulaye FOFANA,** Secrétaire permanent du comité interministériel de l'action de l'État en mer (CÔTE-D'IVOIRE).

Intervenants :

- Monsieur **Lionel Darnel KONABEKA EKAMBO APETO** : la sécurité et la sûreté fluviales à l'épreuve du code de la navigation intérieure CEMAC/RDC ;
- Capitaine de frégate **Joël Lionel GACKOSSO** : le rôle de la marine nationale dans la sécurisation des espaces maritimes et des eaux continentales.

Discussion :

14h00 – Pause déjeuner

15h00 – Entretiens bilatéraux

PANEL 2 :

15h30 – SOUS-THÈME 3 :

La place du pouvoir judiciaire dans l'action de l'État en mer et dans les eaux continentales

Modérateur : Monsieur **Jean-Claude BOUKONO**, Directeur de Cabinet du SEPCIM-AEMEC

Exposant : Monsieur **ABANDZOUNOU**, Président de la Première chambre correctionnelle du Tribunal de Grande Instance de Pointe-Noire.

Intervenants :

- Monsieur **Kefrene Egron GOMA** : la lutte contre la criminalité et les actes illicites en mer ;
- Monsieur **Hérissonne PAYIMA LOMBOBO** : la sécurité de la navigation dans les eaux continentales en République du Congo ;

- Monsieur **Jean Félix MOUTHOUD-TCHIKAYA** : le Congo et la convention MARPOL : Bilan et perspectives ;
- Monsieur **Jean Jacques OKAMBA** : l'emploi des gardes armées privées à bord des navires de commerce ;

Discussion

Samedi 29 Juillet 2023

PANEL 3 :

SOUS-THÈME 4 : Perspectives de l'Action de l'État en mer et dans les eaux continentales

09h00 – Communication de Madame **Rosalie MATONDO**, Ministre de l'économie forestière ;

Modérateur : Monsieur **Edgard MILONGO**

09h45 – Exposé 1 : Contre-amiral **René NGANONGO** : le financement de l'action de l'État en mer et dans les eaux continentales ;

Discussion

11h00 – Cérémonie de clôture

- Synthèse des travaux (Comité scientifique) ;
- Discours de clôture du Secrétaire permanent du comité interministériel de l'action de l'État en mer et dans les eaux continentales, Monsieur **Éric Olivier Sébastien DIBAS-FRANCK**.

SOMMAIRE

CÉRÉMONIE D'OUVERTURE

ALLOCUTION DU SECRÉTAIRE PERMANENT DU COMITÉ INTERMINISTÉRIEL DE L'ACTION DE L'ÉTAT EN MER ET DANS LES EAUX CONTINENTALES
Éric Olivier Sébastien DIBAS-FRANCK 17

DISCOURS D'OUVERTURE
de Monsieur Gilbert MOKOKI 29

INTRODUCTION GÉNÉRALE DES TRAVAUX DU COLLOQUE par le Professeur Godefroy MOYEN .. 35

SOUS-THÈME 1 :
PARTAGE D'EXPÉRIENCES SUR LE CONCEPT DE L'ACTION DE L'ÉTAT EN MER ET DANS LES EAUX CONTINENTALES

L'ACTION DE L'ÉTAT EN MER AU TOGO
par Binessi AKAKPO 41

L'ÉCONOMIE BLEUE EN AFRIQUE : POTENTIALITÉS, DÉFIS DE CROISSANCE ET EMPLOIS par Ernest TINDO 47

CADRE JURIDICO-INSTITUTIONNEL DE GESTION DES AIRES PROTÉGÉES EN RÉPUBLIQUE DU CONGO par Jean-Bosco NGANONGO 59

SOUS-THÈME 2 :
MISE EN ŒUVRE DE L'ACTION DE L'ÉTAT EN MER ET DANS LES EAUX CONTINENTALES : COORDINATION ET MUTUALISATION

L'ACTION DE L'ÉTAT EN MER EN CÔTE - D'IVOIRE par Abroulaye FOFANA 67

LA SÉCURITÉ ET LA SÛRETÉ FLUVIALES A L'ÉPREUVE DU CODE DE LA NAVIGATION INTÉRIEURE CEMAC/RDC
par Lionel Darnel KONABEKA EKAMBO APETO 83

LE RÔLE DE LA MARINE NATIONALE DANS LA SÉCURISATION DES ESPACES MARITIMES ET DES EAUX CONTINENTALES
par Joël Lionel GACKOSSO 107

SOUS-THÈME 3 :
LA PLACE DU POUVOIR JUDICIAIRE DANS L'ACTION DE L'ÉTAT EN MER ET DANS LES EAUX CONTINENTALES

LA PLACE DU POUVOIR JUDICIAIRE DANS L'ACTION DE L'ÉTAT EN MER ET DANS LES EAUX CONTINENTALES
par Yannick Olsen ONDAYE 117

LA LUTTE CONTRE LA CRIMINALITE ET LES ACTES ILLICITES EN MER
par Kefrene Egron GOMA 123

LA SÉCURITÉ DE LA NAVIGATION DANS LES EAUX CONTINENTALES EN RÉPUBLIQUE DU CONGO par Hérissonne PAYIMA LOMBOBO 137

LA CONVENTION INTERNATIONALE DE 1973 POUR LA PREVENTION DE LA POLLUTION PAR LES NAVIRES ET SON PROTOCOLE DE 1978 (MARPOL 73/78)
par Jean Félix MOUTHOUD-TCHIKAYA 161

L'EMPLOI DES GARDES ARMÉES PRIVÉES À BORD DES NAVIRES DE COMMERCE
par Jean-Jacques OKAMBA 169

SOUS-THÈME 4 :
PERSPECTIVES DE L'ACTION DE L'ÉTAT EN MER ET DANS LES EAUX CONTINENTALES

PERSPECTIVES DE L'ACTION DE L'ÉTAT EN MER ET DANS LES EAUX CONTINENTALES
par Rosalie MATONDO 177

LA PROBLEMATIQUE DU FINANCEMENT DE L'ACTION DE L'ÉTAT EN MER ET DANS LES EAUX CONTINENTALES EN RÉPUBLIQUE DU CONGO par René NGANONGO 181

CÉRÉMONIE DE CLÔTURE

SYNTHESE DES TRAVAUX DU COLLOQUE
par le professeur Godefroy MOYEN 199

ALLOCUTION DE CLÔTURE DU SECRÉTAIRE PERMANENT DU COMITÉ INTERMINISTÉRIEL DE L'ACTION DE L'ÉTAT EN MER ET DANS LES EAUX CONTINENTALES
Éric Olivier Sébastien DIBAS-FRANCK 203

CÉRÉMONIE D’OUVERTURE

ALLOCUTION DU SECRÉTAIRE PERMANENT DU COMITÉ INTERMINISTÉRIEL DE L'ACTION DE L'ÉTAT EN MER ET DANS LES EAUX CONTINENTALES

Éric Olivier Sébastien DIBAS-FRANCK

Monsieur le ministre de la Santé et de la population, représentant le Premier Ministre, Chef du Gouvernement ;

Mesdames et Messieurs les Conseillers du Président de la République, Chef de l'État ;

Monsieur le préfet du Département du Kouilou ;

Monsieur le Secrétaire Général représentant Monsieur le préfet du Département de Pointe-Noire ;

Madame la Présidente du Conseil départemental et municipal, Maire de la ville de Pointe-Noire ;

Monsieur le Président du Conseil départemental du Kouilou ;

Vénérables Sénateurs ;

Honorables Députés ;

Amiral, Chef d'État-Major de la marine nationale ;

Madame la Consule Générale de France ;

Monsieur le Secrétaire permanent du comité interministériel de l'action de l'État en mer de Côte d'Ivoire ;

Madame le Procureur de la République ;

Mon Général, Commandant de la zone militaire de défense N° 1 ;

Messieurs les membres du Commandement de la Force Publique ;

Monsieur le Président de l'Association Béninoise de Droit Maritime et des Transports ;

Monsieur le Représentant de la Délégation de l'Union Européenne ;

Mesdames et Messieurs les Chefs de délégations du Bénin, du Cameroun, de la Côte d'Ivoire, de France, du Ghana, du Sénégal et du Togo ;

Messieurs les Directeurs Généraux ;

Monsieur le Directeur du Centre Régional de Sécurité Maritime de l'Afrique centrale ;

Mesdames et Messieurs ;

« Le pouvoir économique, politique, militaire, social et culturel appartient depuis toujours à ceux qui savent maîtriser la mer et les ports. C'est sur la mer, ou pour y naviguer, que ce sont faites la plupart des innovations ayant ensuite bouleversé les sociétés humaines. C'est par la mer que circulent, depuis des millénaires, les idées et les marchandises, et que s'organisent la concurrence et la division du travail.

La mer est aussi essentielle au pouvoir : c'est en s'assurant le contrôle des océans que les empires se hissent au sommet de leurs ambitions. C'est quand ils le perdent qu'ils déclinent. Toutes les guerres, sans presque aucune exception, se gagnent ou se perdent sur la mer. Toutes mutations idéologiques majeures passent par la mer.

La géopolitique devrait être lue ainsi…

À l'avenir, c'est encore par et grâce à la mer que surgiront les plus grandes superpuissances. Cette importance de la mer devrait donc s'imposer à nous (….) ».

Monsieur le Ministre,

Mesdames et Messieurs,

Acceptez que j'entame mon propos par ces mots saisissants de Monsieur Jacques ATTALI, extraits de son livre « Histoires de la mer ».

Acceptez également que je poursuive mon propos par les mots de Monsieur le Premier Ministre, Chef du Gouvernement, le 02 juin 2023, à l'Académie des sciences d'outre-mer, je cite : « Notre environnement est menacé. Les zones humides qui donnent à l'homme beaucoup de richesses disparaissent à grande vitesse. Lacs, rivières, marais, étangs, tourbières, mangroves, sont détruits ou s'assèchent à un rythme accéléré. La guerre de l'eau s'annonce. Les réfugiés climatiques inondent le monde.

La véritable paix suppose une communion entre l'homme et son environnement », fin de citation.

Ces mots conjugués de Messieurs Jacques ATTALI et du Premier Ministre, Chef du Gouvernement sont les enjeux et défis auxquels des réponses doivent être apportées par l'action de l'État en mer et dans les eaux continentales de l'heure et de demain.

Monsieur le Ministre,

Mesdames et Messieurs,

Permettez-moi de remercier du haut de cette tribune, Monsieur le Premier Ministre, Chef du Gouvernement, Monsieur **Anatole Collinet MAKOSSO**, Président du comité interministériel de l'action de l'État en mer et dans les eaux continentales qui ne ménage aucun effort dans l'implémentation de ce concept novateur dans notre pays.

L'occasion me semble aussi indiquée de rendre hommage à un grand homme d'État, son Excellence Monsieur **Denis SASSOU-N'GUESSO**, Président de la République, Chef de l'État, qui a permis la maternité d'une structure de coordination et de mutualisation des moyens de l'action de l'État en mer et dans les eaux continentales placée sous la haute autorité de Monsieur le Premier Ministre, Chef du Gouvernement : le Secrétariat permanent du comité interministériel de l'action de l'État en mer et dans les eaux continentales.

Je voudrais saisir aussi cette occasion, pour exprimer ma profonde reconnaissance et mes sincères remerciements à tous les invités, pour avoir honoré de leur présence la tenue du présent colloque, et particulièrement, tous ceux venus de l'extérieur, de la Côte d'Ivoire, de la France, du Ghana, du Sénégal, du Togo et du Cameroun. Qu'ils trouvent ici toute ma gratitude et mes souhaits d'un séjour agréable.

Mes remerciements s'adressent aussi à la commission d'organisation du colloque, particulièrement à son Président, pour le travail accompli, mais aussi à tous ceux qui nous accompagnent ce jour pour la réussite de ce colloque.

Enfin, mes remerciements s'adressent à l'Association congolaise du droit maritime (ACODM), qui jusqu'ici, organisait chaque année un colloque sur le droit maritime ; grâce au partenariat avec le Secrétariat permanent du comité interministériel de l'action de l'État en mer et dans les eaux continentales, ce colloque devra désormais être organisé conjointement. À la vérité, ce sera un des outils de notre action.

J'ose croire que ce partenariat sera institutionnalisé dans un futur proche avec la possibilité de tenir le colloque dans les autres villes de notre pays.

Monsieur le Ministre,

Mesdames et Messieurs,

Pardonnez-moi d'avoir si longuement exprimé ma gratitude aux uns et aux autres. Ne dit-on pas que dire ce petit mot « Merci » est un « impératif catégorique pour l'honnête homme ».

Pardonnez-moi également de saisir cette occasion pour rappeler à Monsieur le Ministre de la santé et de la population que la célébration de ce colloque est aussi le sien car, le 23 Mai 2015, que lorsque nous étions en train de placer l'Association congolaise du droit maritime sur le « chemin d'avenir » maritime, c'était à la chambre consulaire de Pointe-Noire, sous votre parrainage.

L'an dernier, à la même période, se tenait dans cette salle de conférences, carrefour désormais de nos échanges maritimes et fluviaux, un colloque sous la double évocation des 40 ans de la Convention des Nations Unies sur le droit de la mer ainsi que des 10 ans du code communautaire révisé de la marine marchande de la CEMAC.

En même temps, nous consacrions le colloque à la mémoire d'un érudit de la chose maritime, feu le ministre **Martin Parfait Aimé COUSSOUD-MAVOUNGOU**.

Les actes de ce colloque ont donné lieu à la publication d'un ouvrage aux éditions l'Harmattan avec une préface de Monsieur le Premier Ministre, Chef du Gouvernement. Livre dont je me ferai le devoir de remettre, dans quelques instants, deux exemplaires à Monsieur le ministre de la Santé et de la population, représentant Monsieur le Premier Ministre, Chef du Gouvernement.

Monsieur le Ministre,

Mesdames et Messieurs,

Aujourd'hui, dix ans après le début de la mise en œuvre de l'Architecture de Yaoundé dont l'anniversaire vient d'être célébré les 26 et 27 juin à Pointe-Noire, les actes de piraterie maritime perpétrés, respectivement les 25 Mars et 12 Avril 2023, à l'encontre des navires Monjasa Reformer dans les eaux internationales au large de Pointe-Noire et Succès 9 en Côte d'Ivoire, nous rappellent malheureusement que l'action de l'État en mer et dans les eaux continentales doit appeler des États pris ensemble, une réponse forte et concertée.

Fort heureusement, qu'il s'agisse des cas cités des deux navires ou plus récemment de l'interception d'un chalutier par le patrouilleur congolais P201 et le navire Commandant BIROT de la marine française, le 30 Juin 2023, dans les eaux congolaises alors qu'il s'adonnait à de la pêche illicite non déclarée et non règlementée (pêche INN), les réponses ont été à la dimension de la riposte attendue : plusieurs infractions ont été caractérisées et le navire verbalisé.

Une action à saluer et me permet de dire bravo à notre instrument opérationnel, la marine nationale.

Monsieur le Ministre,

Mesdames et Messieurs,

Le présent colloque doit être l'occasion tant rêvée de matérialiser la vision du Président de la République, Chef de l'État Monsieur **Denis SASSOU-N'GUESSO**, formulée dans son programme de société « Ensemble, poursuivons la marche », visant la maritimisation et la fleuviatisation de notre économie dans la perspective de la réalisation des batailles du Gouvernement.

Cette deuxième édition du colloque ambitionne d'atteindre sept objectifs :

1- célébrer la mémoire d'un érudit du secteur maritime ;

2- permettre un échange d'expériences avec les instances de l'action de l'État en mer et de eaux continentales de l'Afrique de l'Ouest et du Centre ;

3- manifester une volonté de renforcement des capacités dans la mise en œuvre du concept action de l'État en mer et dans les eaux continentales ;

4- être une opportunité pour lancer le réseau africain des responsables des organismes nationaux de coordination de l'action de l'État en mer et dans les eaux continentales ;

5- procéder, aussi bien à une analyse sous divers angles de l'action de l'État en mer et dans les eaux continentales, qu'à une estimation globale du rôle et de l'influence des acteurs de l'action de l'État en mer et dans les eaux continentales ;

6- intensifier et densifier les activités de l'action de l'État en mer et dans les eaux continentales et susciter davantage la mutualisation pour le succès de l'action de l'État en mer et dans les eaux continentales ;

7- participer au dialogue public-privé d'une part et public-public d'autre part.

Pour atteindre ces objectifs, il est nécessaire et incontournable que tous les acteurs de l'action de l'État en mer et dans les eaux continentales y adhèrent - sans exclusive – et répondent de façon positive aux problématiques du financement des activités de l'action de l'État en mer et dans les eaux continentales ainsi que de tout le dispositif du concept. C'est une invite et un encouragement. Nous travaillons dans cette direction et savons d'avance compter sur vous.

Monsieur le Ministre,

Mesdames et Messieurs,

Il est parfois fait état de ce que l'Architecture de Yaoundé se trouverait au pied du gué. Certes, elle présente encore quelques tares de jeunesse, mais force est cependant de constater que la volonté politique des États impliqués ne cesse de se renforcer. Différents programmes et des initiatives de récente création sont développés au sein des communautés économiques régionales et dans notre pays. L'appropriation de l'Architecture de Yaoundé est une réalité au Congo.

L'on doit souligner que les eaux sûres et sécurisées sont des gages majeurs pour le commerce international dès lors que les taux de fret et les coûts de passage portuaire ne sont pas impactés.

Ce qui montre les enjeux des assurances maritimes en Afrique. L'action de l'État en mer et dans les eaux continentales exige de veiller à la réglementation au nombre desquelles les entreprises doivent assurer leurs activités en l'étendant aux actes illicites en mer et dans les eaux continentales.

Monsieur le Ministre,

Mesdames et Messieurs,

Tout au long de ces deux journées de colloque, il sera aussi question des aspects qui ne concernent pas au sens strict la sécurité ou la sûreté. En effet, la préservation de la qualité des océans est devenue une préoccupation globale. Il n'est donc pas possible de passer sous silence la célébration cette année des cinquante ans de la Convention sur la prévention de la pollution par les navires ratifiée par notre pays, le 27 Janvier 1983 dite Convention MARPOL.

Par ailleurs, le Secrétariat permanent se réjouit de la promulgation par Monsieur le Président de la République, Chef de l'État, Son Excellence Monsieur **Denis SASSOU-N'GUESSO,** de la loi n°22-2023 du 18 Juillet 2023 portant création de l'Institut des Hautes Études Maritimes et Fluviales.

Cet institut s'efforcera de répondre aux besoins de formation et de renforcement des capacités des personnels civils et militaires en adéquation avec la politique et les orientations de l'action de l'État en mer et dans les eaux continentales de notre sous-région.

C'est donc un des piliers de la mise en œuvre de l'Architecture globale de Yaoundé ainsi que de la Stratégie de sécurité et de sûreté maritime et des eaux continentales partagées de la Communauté Économique des États de l'Afrique centrale.

Monsieur le ministre de la Santé et de la population,

Depuis bientôt dix ans, chaque 25 Juillet, la communauté internationale célèbre la journée africaine des mers et des océans, à la suite de l'adoption de la Stratégie africaine intégrée pour les mers et les océans d'ici à l'horizon 2050.

Malgré le rôle essentiel que jouent les gens de mer dans le commerce maritime international, plusieurs sont soumis à des conditions de travail difficile. La pandémie à COVID-19 a montré si besoin était que leurs conditions de travail, je veux dire leur santé ainsi que leur sécurité sociale doivent être au cœur des préoccupations de l'action de l'État en mer et dans les eaux continentales.

Monsieur le Ministre,

Permettez-moi de terminer mon propos en empruntant la formule poétique de Charles Baudelaire que le Premier Ministre, Chef du Gouvernement, rappelait justement, le 02 Juin 2023, à l'occasion de son installation en qualité de membre de l'Académie des sciences d'Outre-Mer à Paris :

« Homme libre, toujours tu chériras la mer !

La mer est ton miroir ; tu contemples ton âme.

Dans le déroulement infini de sa lame ».

Qu'il me soit donc permis, d'inviter les participants au colloque à avoir davantage de regard sur les eaux continentales partagées ; ce qui conduit de nous engager à mener des actions en vue d'y transposer les approches maritimes dans la mesure du possible.

Tout en souhaitant de fructueux débats, je vous exhorte à garder à l'esprit que l'action de l'État en mer repose sur les fondements de l'unicité de l'espace maritime, bien commun géré par l'État, sur l'unicité d'action sans laquelle il ne peut y avoir de politique cohérente et sur la coordination qui permet de mobiliser et d'optimiser les compétences et les moyens.

Je vous remercie de votre aimable et patiente attention.

DISCOURS D'OUVERTURE

de son Excellence Monsieur Gilbert MOKOKI,
Ministre de la santé et de la population, Représentant du Premier Ministre, Chef du Gouvernement, Président du comité interministériel de l'action de l'État en mer et dans les eaux continentales

Mesdames et Messieurs les Membres du Gouvernement ;

Monsieur le Secrétaire permanent du comité interministériel de l'action de l'État en mer et dans les eaux continentales ;

Excellences Mesdames et Messieurs les Ambassadeurs et Chefs de missions diplomatiques accrédités en République du Congo ;

Mesdames et Messieurs les représentants des organisations internationales ;

Monsieur le préfet du Département de Pointe-Noire ;

Monsieur le préfet du Département du Kouilou ;

Madame la Présidente du Conseil départemental et municipal, Maire de la ville de Pointe-Noire ;

Honorable Député, Président du Conseil départemental du Kouilou ;

Vénérables Sénateurs ;

Honorables Députés

Messieurs les Conseillers du Président de la République, Chef de l'État ;

Mon Général, Commandant de la zone militaire de défense n° 1 ;

Messieurs les Commandants des Commandements départementaux de la Gendarmerie, de la Police et de la Centrale d'intelligence et de documentation de Pointe-Noire et du Kouilou ;

Mesdames et Messieurs les administrateurs-maires des arrondissements et de la communauté urbaine Tchiamba-Nzassi ;

Mesdames et Messieurs les autorités politiques, administratives, civiles et militaires ;

Mesdames et Messieurs les Chefs de délégations du Bénin, du Cameroun, de la Côte d'Ivoire, de France, du Ghana, de la Guinée et du Togo ;

Monsieur le Directeur du Centre Régional de Sécurité Maritime de l'Afrique centrale ;

Distingués invités ;

Mesdames et Messieurs ;

Je me réjouis de ce que ce jour, après la concrétisation par Monsieur le Président de la République, Chef de l'État, Son Excellence Monsieur **Denis SASSOU-NGUESSO,** de sa détermination à ériger dans notre ville océane de Pointe-Noire l'Université de Loango, qui du reste consacrera une part de ses enseignements aux questions maritimes, la communauté intellectuelle se retrouve ici-même pour justement débattre des mêmes questions.

Les espaces liquides de notre territoire ainsi que leur prolongement au-delà de nos frontières procurent à notre pays, tout comme aux autres pays riverains, une abondance dont nous ne pouvons ignorer l'importance. À celle-ci, s'ajoutent nombre de convoitises qui appellent notre responsabilité collective en termes de protection et de préservation afin d'en pérenniser les bienfaits. C'est cette motivation commune des Chefs d'État et de Gouvernement qui a abouti à la mise en place de l'Architecture de Yaoundé en 2013, comme l'une des meilleures réponses africaines à ces défis continentaux.

L'assistance technique multiforme et constante apportée à cette réponse par les partenaires traditionnels de l'Afrique dont je salue la présence dans cette salle, témoigne à mon sens, la justesse de la vision des Chefs d'État de l'Afrique de l'Ouest et du Centre en adoptant une approche concertée impliquant la multitude d'acteurs concernés.

La célébration du dixième anniversaire de ce dispositif dont les manifestations se font ici et là, à travers notre façade maritime commune, devrait à juste titre être une opportunité pour identifier les pièces manquantes à son plein effet sur la sécurisation des intérêts des États.

Distingués Invités,

Mesdames et Messieurs,

La République du Congo, fidèle à son attachement à l'intégration régionale joue toujours sa partition lorsqu'il s'agit d'œuvrer pour le bien commun et elle continuera de le faire. C'est le sens que je donne aux présentes assises dont le programme laisse penser que l'appropriation du concept de l'action de l'État en mer et dans les eaux continentales trouvera ici les conditions de sa facilitation. Tout comme l'échange d'expériences qui en découlera devra bénéficier aux uns et aux autres.

Notre pays vient d'accueillir l'assemblée générale de l'Organisation Maritime de l'Afrique de l'Ouest et du Centre (OMAOC) ainsi que celle de l'ASECNA qui sont autant des forums qui traitent de façon directe ou indirecte, des prérogatives et des responsabilités des États en mer et dans les eaux continentales.

Bien plus, au cours du mois d'octobre de cette même année, notre pays abritera le Sommet des Trois Bassins sous la férule du Président de la République du Congo qui a engagé la bataille pour la conservation des Ecosystèmes naturels, y compris en milieux humides en mode de gouvernance. Je vous prie dans vos qualités respectives, d'en être des porte-paroles auprès de vos organismes en vue de leur participation à ce Sommet.

Mesdames et Messieurs,

La coopération internationale ne peut être laissée de côté lorsque l'on aborde les questions maritimes ou des eaux continentales partagées. Il est de notre devoir d'envisager de façon accrue la relecture et le renforcement des mécanismes existants sur une base gagnant-gagnant prenant en compte les intérêts de toutes les parties.

L'action de l'État en mer et dans les eaux continentales est de construction récente au Congo. Il a plu à Monsieur le Président de la République de placer sa coordination sous l'autorité directe de Monsieur le Premier Ministre, Chef du Gouvernement.

Je suis fort heureux que le partenariat entre l'Association congolaise du droit maritime et le Secrétariat permanent ait permis de gagner le pari de la poursuite des sessions annuelles du colloque, ainsi que de la publication des actes y afférents. Nous apporterons, comme à toute œuvre humaine toujours perfectible, les améliorations nécessaires en marchant pour en faire un instrument supplémentaire à la disposition de la gouvernance maritime et des eaux continentales.

C'est ainsi que j'appuie avec force le désir en gestation de constituer un forum institutionnel d'échanges et d'informations des Responsables des organes de coordination de l'action de l'État en mer et dans les eaux continentales. Cependant, celui-ci ne doit pas se muer en un organisme de plus dans notre espace, ni bureaucratique, ni nécessitant une allocation budgétaire.

Les préfectures administratives sont au cœur de la montée en puissance du concept de l'action de l'État en mer et dans les eaux continentales en leur qualité de représentants du Gouvernement. Je les convie à tirer le plus grand profit de ce colloque.

De même, la tenue du colloque de façon rotative entre Pointe-Noire et d'autres localités ne peut qu'être encouragée, celui-ci étant en parfaite symbiose avec les habitudes du Gouvernement.

Le poète libano-américain a écrit :

« *Un beau jour, je parlai de la mer au ruisseau, et le ruisseau me considéra comme un affabulateur* ».

« *Un autre jour, je parlai du ruisseau à la mer, et la mer me considéra comme un diffamateur* ».

En République du Congo, l'un et l'autre sont les deux colonnes de notre action.

En souhaitant plein succès à ce colloque, au nom de Monsieur **Anatole Collinet MAKOSSO,** Premier Ministre, Chef du Gouvernement, Président du comité interministériel de l'action de l'État en mer et dans les eaux continentales, je déclare ouverts les travaux de la deuxième édition du colloque scientifique international **Martin Parfait Aimé COUSSOUD-MAVOUNGOU**, sous le thème "l'action de l'État en mer et dans les eaux continentales au Congo".

Je vous remercie.

INTRODUCTION GÉNÉRALE DES TRAVAUX DU COLLOQUE

par le Professeur Godefroy MOYEN,
Président du comité scientifique du colloque

Mesdames et Monsieur les membres du Gouvernement,

Distingués invités toute préséance observée,

Qu'il me soit d'abord permis de remercier les organisateurs du présent colloque qui ont bien voulu me confier la charge lourde et non moins exaltante de présider le comité scientifique. Ce qui me conforte naturellement dans ma position d'universitaire, car, pas d'excellence universitaire sans la recherche scientifique, ainsi que le faisait observer, en son temps le Doyen **Maurice HAURIOU**. En application de cela, c'est donc avec joie et responsabilité que j'ai accepté de jouer ce rôle.

Ensuite, je voudrais rappeler que l'ACODM est créée en 2015 avec des objectifs précis. Pour atteindre ces objectifs notre Association coopère avec des organismes publics et privés dont l'objet social pourrait lui permettre d'accomplir sa mission de service à la communauté. En ce sens, le hasard faisant parfois bien les choses, un des nôtres a été, en raison de ses immenses qualités intellectuelles et morales, nommé comme Secrétaire permanent de l'Action du Gouvernement en mer et dans les eaux continentales ; Monsieur **Éric DIBAS-FRANCK**, que je voudrais ici féliciter pour cette élévation. De même que je voudrais aussi remercier le Premier Ministre, Chef du Gouvernement, pour ce choix, preuve de l'intérêt que les hautes autorités congolaises accordent à la participation des activités marines et fluviales au développement de notre pays.

Sur le plan scientifique, notre Association est à son troisième grand colloque, en plus de multiples autres activités scientifiques.

Le présent colloque, comme celui de l'année dernière, porte le nom de **Martin Parfait Aimé COUSSOUD-MAVOUNGOU**, en mémoire de ce grand homme et grand acteur de la cause marine au Congo, en Afrique et ailleurs, tout au long de sa vie professionnelle sur cette terre des hommes. Pour cette année, en plus des activités marines, le colloque pose un regard sur la production normative relativement aux eaux continentales afin de voir comment le Congo pourrait utilement profiter de son écosystème multiforme en vue d'un développement optimal. En ce sens, sur un plan purement scientifique, nous avons la pleine conscience que la mer ainsi que les eaux continentales constituent des points d'ouverture sur le monde et que de ce point de vue leur gestion par un État seul ne suffit pas à les rendre efficients au regard de l'objectif poursuivi. Ces secteurs sont certainement les plus réglementés en droit international avec un nombre impressionnant de conventions internationales. Notre colloque entend profiter de l'expérience en ces domaines d'autres États. Et, je salue la présence à ces assises des participants venus d'autres pays, car ce colloque international, par sa composition doit être un véritable rendez-vous du donner et du recevoir.

Pour une thématique générale portant sur l'action de l'État en mer et dans les eaux continentales au Congo, nos travaux se déclinent en Cinq (5) sous thèmes qui se tiennent de façon harmonieuse. Dans un premier mouvement nous suivrons les aspects liés à l'émergence de l'économie bleue à travers la relation nécessaire entre la sûreté maritime et fluviale et le développement économique. La présentation des grands axes de la politique du Gouvernement, par les membres du Gouvernement ici présents nous édifiera sur la question.

Dans un deuxième mouvement, après que nous ayons pris connaissance de la politique congolaise en vue de l'émergence d'une économie bleue, nous suivrons le partage d'expériences sur le concept de l'action de l'État en mer, tel que vu ailleurs. Cet aspect me parait particulièrement intéressant dans un monde de plus en plus ouvert.

Cette question sera suivie de la mise en œuvre de l'action de l'État en mer et dans les eaux continentales à travers la coordination des activités et la mutualisation des moyens.

En quatrième lieu, parce que nous avons l'intime conviction que la responsabilité est le corolaire de toute activité liée au droit, une place importante est réservée au regard du pouvoir judiciaire sur l'activité de l'Etat en mer et dans les eaux continentales. Nos intervenants sont invités à plus de concision et plus de pragmatisme. Les développements subséquents devraient nous permettre de répertorier les difficultés auxquelles sont confrontés les différents praticiens du droit dans la mise en œuvre de l'arsenal juridique en ces domaines et aussi des problèmes procéduraux qui pourraient être induits par l'action de l'État dans le secteur considéré.

Enfin l'appendice de nos travaux consiste en une ouverture en forme de perspectives de l'action de l'État en mer et dans les eaux continentales, car l'avenir du Congo dépendra en grande partie de la gestion efficiente de son environnement.

Je souhaite plein succès à nos travaux.

Je vous remercie.

SOUS-THÈME 1 :
PARTAGE D'EXPÉRIENCES SUR LE CONCEPT DE L'ACTION DE L'ÉTAT EN MER ET DANS LES EAUX CONTINENTALES

L'ACTION DE L'ÉTAT EN MER AU TOGO

par Binessi AKAKPO,
Directeur de l'AEM à l'office national de l'action de l'État en mer du Togo

INTRODUCTION

L'espace maritime togolais, à l'instar de ceux des autres pays du Golfe de Guinée, était en proie au début des années 2010, à une insécurité maritime grandissante. La piraterie maritime, les vols à main armée et les autres activités illicites d'une part, le manque de délimitation des frontières maritimes et la dégradation de l'environnement marin et côtier d'autre part, étaient autant de facteurs qui menaçaient la souveraineté de l'État togolais dans son espace maritime.

Eu égard à ces menaces qui représentent des enjeux sécuritaires, juridiques, socio-économiques, sanitaires et environnementaux et en application des recommandations issues du sommet de Yaoundé en 2013, le Togo a mis en place depuis 2014, une nouvelle organisation de l'action de l'État en mer (AEM) à travers des réformes au plan institutionnel, juridique et opérationnel.

CADRE INSTITUTIONNEL DE L'AEM AU TOGO

Avant 2014, aucun des cadres de collaboration interministérielle existant ne permettait de traiter de l'intégralité des problématiques maritimes et de représenter l'action de l'État en mer dans sa globalité. La création d'une organisation coordonnée s'imposait donc comme le point de départ pour une action de l'État en mer efficace. Pour cela, il était indispensable de mettre en place une structure unique inter-administrations, fédérant l'ensemble des administrations concourant à l'action de l'État en mer au Togo.

L'État togolais, dès lors, a opté pour la création d'un Organisme national chargé de l'action de l'État en mer (ONAEM). Cette entité est érigée comme une autorité permanente de coordination interministérielle et inter-administrations pour l'ensemble du domaine d'action de l'État en mer.

L'ONAEM est composé de trois organes à savoir : le Haut conseil pour la mer présidé par le Chef de l'État, les services du conseiller pour la mer et la préfecture maritime.

Le Haut Conseil pour la Mer (HCM) est l'Instance d'orientation et de décisions présidée par le Chef de l'État lui-même. Il se réunit annuellement et comprend tous les départements ministériels ayant des compétences en mer.

Les services du conseiller pour la mer sont dirigés par le conseiller pour la Mer du Président de la République. Il assure la permanence du HCM ; veille à la cohérence des politiques et stratégies dans le secteur maritime, ainsi qu'à la mise en œuvre des décisions et au respect des orientations du HCM et préside la conférence maritime, qui est un cadre de réflexion et d'analyse stratégique entre administrations AEM.

La préfecture maritime est dirigée par un préfet maritime qui est une autorité militaire exerçant des fonctions civiles. Il est chargé de coordonner toutes les interventions de l'État en mer ainsi que la mise en œuvre des moyens maritimes. Il dispose d'un cadre de concertation et de coordination (réunions de concertations et de coordination) avec les administrations

AEM pour l'exécution des décisions. Il est placé sous l'autorité du Président de la République et rend compte au conseiller pour la mer qui assure la permanence du HCM.

En outre, en appui à l'ONAEM, il est créé :

- un comité national de sûreté maritime : ce comité inter-administrations est créé par décret en 2015 et a pour missions entre autre d'identifier les menaces et les points de vulnérabilité en matière de sûreté ; de veiller à l'exécution par les autorités nationales responsables, notamment le port du Togo, les autres installations portuaires, la direction des affaires maritimes, de toutes les tâches concourant au respect des niveaux de sûreté prescrits par le code ISPS ; faire des recommandations au Haut conseil pour la mer sur les procédures appropriées pour l'amélioration de la qualité d'application des mesures de sûreté prescrites par le code ISPS et sur les informations qui méritent d'être communiquées à l'organisation maritime internationale (OMI).

- un comité national d'hydrographie, d'océanographie et de cartographie marine : ce comité est sous l'autorité du Haut conseil pour la mer (HCM). Ces missions sont entre autres, de contribuer à la définition de la politique nationale dans les domaines de l'hydrographie, de l'océanographie et de la cartographie marine, d'approuver les programmes de développement de l'hydrographie, de l'océanographie et de la cartographie marine, d'assurer l'harmonisation des actions des services publics et toutes autres parties intervenant dans lesdits domaines, etc…

- une commission nationale des frontières maritimes : il s'agit d'une commission rattachée à la Présidence de la République dont l'une des missions assignées est de conduire le processus de délimitation de ces frontières, ce qui permettra de maîtriser les limites de l'espace maritime togolais et par conséquent mieux le sécuriser.

- le comité d'agrément et de validation (CAV) : il est chargé d'examiner les dossiers de demande d'agrément soumis par les opérateurs économiques ayant des activités professionnelles dans un port, dans les installations portuaires, sur le plan d'eau, en rade ou dans les eaux sous juridiction togolaise en général et de valider les rapports des évaluations de sûreté, les plans de sûreté et les rapports des audits de conformité des installations portuaires aux conventions maritimes avant leur approbation.

Dans la même perspective, le Togo a élaboré une stratégie nationale pour la mer et le littoral qui définit cinq (5) axes stratégiques à savoir Renforcer la gouvernance maritime ; Développer une « économie bleue » ; Protéger durablement l'environnement marin et côtier ; Promouvoir la recherche et la sensibilisation dans la connaissance du domaine maritime ; Développer une coopération internationale dynamique et diversifiée.

La mise en œuvre de cette stratégie a abouti à la création récemment d'un ministère dédié uniquement à l'économie maritime et d'un guichet unique des redevances et recettes non fiscales du secteur maritime.

UN CADRE JURIDIQUE MARITIME RENOVE

Les reformes juridiques ont débuté avec la ratification des conventions internationales relatives au domaine maritime, ainsi qu'à leur internalisation dans le corpus juridique national à travers l'adoption des textes législatifs et règlementaires notamment :

- l'adoption d'un nouveau Code pénal prenant en compte les nouvelles définitions de la piraterie conformes aux conventions internationales (article 1068 et suivants) ;

- l'adoption de la loi relative à la lutte contre la piraterie, les autres actes illicites et l'exercice par l'État de ses pouvoirs de police en mer (mesures d'utilisation de la force en mer) ;

- l'adoption de la loi relative aux espaces maritimes sous juridiction nationale ;

- l'adoption d'un nouveau code de la marine marchande prenant en compte les nouvelles réalités du monde maritime et les nouvelles conventions de l'OMI ;

- l'adoption, en cours, du code de procédure pénale prenant en compte la procédure standard harmonisée élaborée avec l'appui de l'ONUDC ;

- l'adoption de la loi relative à l'aménagement, la protection, la préservation et la mise en valeur du littoral ;

- l'adoption d'un décret relatif aux opérations de transbordement en mer ;

- l'adoption d'un décret relatif à la gestion des marchandises dangereuses dans les ports et dans les eaux sous juridiction nationale ;

- l'adoption d'un Schéma directeur d'aménagement du littoral.

AMELIORATION DU CADRE OPERATIONNEL

Sur le plan opérationnel, on note plusieurs innovations, notamment :

- la coordination et la mutualisation des moyens maritimes ;

- l'organisation périodique d'exercices maritimes avec l'appui des partenaires notamment la France, l'Union européenne et les USA pour renforcer la capacité de réponse des acteurs face à une crise ;

- l'organisation périodique des patrouilles mixtes dans le cadre de la mutualisation des moyens maritimes et des compétences.

CONCLUSION

Le Togo a amélioré sa gouvernance maritime depuis 2014 en mettant en place une nouvelle organisation institutionnelle, juridique et opérationnelle de l'action de l'État en mer. Dix ans après la mise en place de cette organisation, il convient de faire un bilan des succès et des échecs et d'identifier les nouveaux défis à relever afin de se projeter dans l'avenir une amélioration de la gouvernance maritime au Togo.

L'ÉCONOMIE BLEUE EN AFRIQUE : POTENTIALITÉS, DÉFIS DE CROISSANCE ET EMPLOIS

par Ernest TINDO,
Juriste maritimiste, consultant international en gestion moderne des ports et économie bleue

Mesdames et Messieurs, en vos rangs et qualités respectifs,

Je voudrais avant tout témoigner toute ma gratitude aux Autorités congolaises qui m'ont offert l'opportunité de la présente tribune à travers ce colloque international en hommage au feu Martin Parfait Aimé COUSSOUD-MAVOUNGOU.

Je vous présenterai donc l'économie bleue en Afrique à travers ses potentialités, défis de croissance et d'emplois autour de quatre (04) points essentiels avant de conclure ma communication.

I- L'ÉCONOMIE BLEUE DANS LA POLITIQUE AFRICAINE DE DÉVELOPPEMENT

Depuis quelques années, les institutions régionales et sous-régionales africaines ont commencé par élaborer et adopter des politiques et stratégies pour la promotion de l'économie bleue sur le continent. Dans cette dynamique, les discours des autorités politiques et institutionnelles africaines notamment des pays ayant un littoral, intègrent régulièrement l'économie bleue ; ce sont des déclarations récurrentes, incontournables. Sans oublier les partenaires techniques et financiers (PTF) qui se sont, eux aussi, engagés dans des missions d'études pour le développement de l'économie bleue dans certains pays africains. Ainsi, quelques Chefs d'État africains et leurs Gouvernements incluent fortement l'économie bleue dans les **plans nationaux de développement**[1]. Quant aux institutions africaines, l'Union Africaine (UA) a élaboré la **Stratégie Africaine Intégrée des Mers et Océans** (AIM) à l'horizon 2050, la **Stratégie de l'Économie Bleue de l'Afrique**. La Banque Africaine de développement (BAD) et le Programme des Nations Unies pour le Développement (PNUD), ont commandité des missions d'études au profit du développement de l'économie bleue dans certains pays africains[2].

Nous ne pouvons que nous en réjouir !

De même, les autorités politiques des autres continents, les institutions supranationales et les bailleurs de fonds déploient bien souvent une stratégie de l'économie bleue pour l'Afrique reflétant les ambitions portées sur le continent par les Organisations Intergouvernementales et les Communautés Économiques Régionales (CER), notamment à travers les Objectifs de Développement Durable (ODD). On peut citer en exemples, la Commission Économique des Nations Unies pour l'Afrique (CEA) qui a élaboré un **Guide pratique au profit de l'économie bleue en Afrique**, la Banque Mondiale à travers ses programmes pour la gestion du littoral ouest africain (**WACA**), le Business plan pour le climat en Afrique (**Climat-Economie Smart Blue**) ou des initiatives auxquelles elle participe comme celle de la transparence des pêches (**Fisheries Transparency Initiative**). Là aussi nous ne pouvons que nous en réjouir !

C'est ce que pointe également l'Union Africaine (UA) dans

---

[1] Par ordre alphabétique, et sans exhaustivité : Afrique du Sud, Cote d'Ivoire, Congo Brazzaville, Gabon, Kenya, Madagascar, Sénégal, Seychelles,Togo…

[2] La Guinée Conakry, le Bénin, le Togo…

son agenda 2063 « **L'Afrique que nous voulons** » où l'économie bleue est classée parmi les objectifs et domaines prioritaires. L'UA, a même créé une **Division de l'Économie Bleue** dans sa nouvelle architecture institutionnelle. Des actions suivent et des exemples remarquables sont donc à noter, mais hélas, pas encore suffisamment. De très nombreuses difficultés surgissent, obstacles à l'émergence d'une véritable méga filière qui pourrait révolutionner le développement de l'Afrique. Mais quelles sont les potentialités du secteur de l'économie bleue en Afrique qui focalisent si tant d'attention ?

II- LES POTENTIALITÉS DE L'AFRIQUE DANS LE SECTEUR DE L'ÉCONOMIE BLEUE

Certes, l'engouement des autorités et des partenaires pour le développement de l'économie bleue en Afrique est partagé et collectif. Désormais, le plus important est de transformer cette volonté en actes très concrets, d'autant qu'une projection de l'OCDE indique qu'au niveau mondial le chiffre d'affaires des activités liées au monde de la mer devrait doubler pour passer de 1500 milliards de dollars en 2010 à environ 3 000 milliards d'USD à l'horizon 2030 (dont un tiers pour le pétrole et le gaz)[3] !

Cette belle perspective serait parfaite sur un continent très marin. Or, ce n'est pas le cas de l'Afrique où les potentialités offertes par les mers, océans et eaux douces sont très peu valorisées, à quelques exceptions près.

Pourtant, Les zones maritimes sous juridiction africaine s'étendent sur quelque 13 millions de km2, y compris les eaux territoriales, les zones économiques exclusives (ZEE),

---

[3] OCDE - L'économie de la mer en 2030 - publié le 18 Mai 2017

et un plateau continental d'environ 6.5 millions de km2[4]. La longueur totale des côtes africaines atteint 42 000 km, un peu plus que la longueur de l'équateur terrestre ! Pratiquement autant que les côtes des États-Unis d'Amérique et de l'Australie réunis ! 38 pays africains sur les 55 États membres de l'Union Africaine ont des côtes, ont un accès aux océans ou à la mer, avec plus d'une centaine d'installations portuaires, c'est indéniable. En outre, les lacs africains occupent 240 000 km^2 (plus de 400 fois le lac Léman aussi appelé « lac de Genève »).

Faut-il le rappeler, l'économie bleue en Afrique concerne toutes les étendues d'eau à savoir les océans et les mers, les rivages et les berges, y compris les lacs, les cours d'eau, les marécages et les nappes souterraines, sans oublier les côtes. Elle embrasse un éventail d'activités, directes ou dérivées, qui vont de la pêche, l'exploitation minière sous-marine en passant par l'aquaculture, le tourisme aquatique et balnéaire, le sport nautique, les transports maritime et fluvial, la construction et réparation navale, l'énergie ou la bio prospection, l'installation et la gestion des câbles sous-marin ainsi que les autres services éco systémiques (absorption de CO_2) qui concourent au bien-être des populations.

Pour les États côtiers et insulaires, les énergies océaniques constituent une nouvelle frontière du développement énergétique[5]. L'Agence Internationale de l'Energie (AIE) estime qu'elles pourraient satisfaire entre 100 et 400 % de la demande actuelle d'énergie dans le monde[6]. Mais l'accès à

---

[4] GRID-Arendal, 2015. La superficie des espaces maritimes africains est calculée à partir de données brutes non publiées.

[5] Hammer, L., A. Ehnberg, A. Mavume, B. Cuamba et S. Molander, Renewable and Sustainable Energy Reviews, Vol. 16, 4938-4950, 2012. "Renewable ocean energy in the Western Indian Ocean".

[6] Energy Technology Perspectives. AIE, 2012. "Pathways to a Clean Energy System".

cette forme d'énergie est de nos jours restreint par la maturité des technologies disponibles, le coût élevé et des considérations politiques. Grâce à un environnement plus favorable, les énergies renouvelables océaniques et marines sont désormais sur une trajectoire de développement.

Le commerce international est un facteur économique important pour les pays africains, dont plus de 90 % des importations et des exportations transitent par mer. Les poissons de mer et d'eau douce sont un apport vital à la sécurité alimentaire et nutritionnelle de plus de 200 millions d'africains. La pêche fournit un revenu à plus de 10 millions de personnes.[7] Le poisson est une source importante de protéines animales. Selon la Banque Mondiale, en moyenne, la population africaine consomme 9,7 kg de poisson par an, chiffre qui pourrait augmenter étant donné que la moyenne mondiale est de 18,9 kg[8].

Malheureusement, à quelques exceptions près, les besoins en produits halieutiques des populations africaines sont essentiellement couverts par l'importation. Et le continent est également victime de la pêche INN qui affecte les stocks de poissons, les revenus et même les emplois des pêcheurs locaux. Des estimations indiquent que les pertes dues à cette pêche frauduleuse dans les eaux de l'Afrique subsaharienne sont estimées elles, entre 1 et 1,5 milliard de dollars par an, soit près d'un quart du total des exportations annuelles de poissons de l'Afrique.

Les services éco systémiques que rendent les océans, les mers, les eaux douces, les marécages et autres aux populations pour leur bien-être, à la santé de la planète et aux économies sont énormes. En la matière, le bassin du Congo

---

[7] FAO, 2014. La Valeur des pêches africaines, circulaire sur les pêches et l'aquaculture 1093.
[8] BM.2017. La Banque Mondiale et l'économie bleue en Afrique.

abrite les plus grandes tourbières tropicales du monde, aux côtés du Brésil et de l'Indonésie. La forêt marécageuse tourbeuse du bassin du Congo stocke approximativement 29 milliards de tonnes de carbone, soit l'équivalent d'environ trois années d'émissions de gaz à effet de serre à l'échelle mondiale, tandis que l'ensemble du bassin du Congo absorbe près de 1,5 milliard de tonnes de dioxyde de carbone par an. Le bassin s'étend sur six pays : le Cameroun, la République centrafricaine, la République démocratique du Congo, la République du Congo, la Guinée équatoriale et le Gabon. Sans les services essentiels que fournissent ces écosystèmes, la crise relative au climat et à la nature ne fera que s'aggraver[9].

III- LES DÉFIS DE CROISSANCE DE L'ÉCONOMIE BLEUE EN AFRIQUE

Ce vaste territoire « bleu » africain, certes morcelé, du fait des souverainetés, constitue un capital incroyable pour l'Afrique, mais encore trop souvent non évalué, sous exploité par plusieurs pays africains et surtout méconnu de sa jeunesse, frange importante de la population, bras valide en quête d'opportunités et de bien-être.

En Afrique en général et dans les pays littoraux en particulier, ce sont les secteurs traditionnels comme les Ports et le commerce maritime ainsi que la pêche artisanale qui sont plus connus. Cependant, ces immenses étendues d'eau salées ont souvent été par le passé vecteur de peur, de colonisation, du commerce d'esclaves. Et aujourd'hui encore de la mort des migrants que la mer emporte, de la piraterie maritime, de pêche illicite, non déclarée et non règlementée (Pêche INN), de pollution marine, des réglementations non adaptées aux

---

[9] PNUD, 2023. Des écosystèmes essentiels : les tourbières du bassin du Congo (unep.org), consulté le 27/07/2023

enjeux actuels de ces milieux, etc... À cela s'ajoute le manque de ressources humaines qualifiées ainsi que le cadre institutionnel souvent non conforme à la définition et l'implémentation d'une approche holistique de l'ensemble des sous-secteurs relevant de l'économie bleue.

En ce qui concerne l'Action de l'État en Mer (AEM), elle joue un rôle important dans le développement de l'économie bleue en Afrique. En effet, l'AEM concerne l'ensemble des mesures et des actions entreprises par l'État pour gérer et développer les ressources marines et côtières. L'objectif principal est de garantir la sauvegarde, la sécurisation et la valorisation du domaine maritime national dans une optique de développement durable. L'AEM comprend donc plusieurs actions, comme la surveillance maritime, la gestion des zones côtières, la sécurité et sûreté maritime indispensables au développement paisible des activités, la protection de l'environnement marin, etc. Dans ce cadre, il y a lieu de souligner les efforts du continent africain dans la mise en œuvre de l'Architecture de Yaoundé et ses centres régionaux, les coopérations bilatérales entre les États. Ces efforts doivent se poursuivre pour garantir en permanence la sécurité et la sûreté dans le domaine maritime africain.

Aujourd'hui en Afrique, les Gouvernements, les partenaires techniques et financiers, les chercheurs, les universitaires, les entrepreneurs, les opérateurs économiques et les organisations de la société civile doivent identifier, imaginer et chercher à développer ce nouveau territoire « bleu », fédérateur de valeurs environnementales, économiques, sans oublier les enjeux sécuritaires (alimentaire, environnemental, pêche et trafics illicites, brigandage, piraterie) et sociales (offres d'emplois pour une masse critique de jeunes et de femmes, les communautés côtières).

IV- LES EMPLOIS DANS L'ÉCONOMIE BLEUE : UNE OPPORTUNITE POUR LA JEUNESSE AFRICAINE

Selon les données statistiques, la population africaine (qui constituera le quart de la population mondiale en 2050), est très majoritairement jeune. Aujourd'hui, ces jeunes de 15 à 24 ans représentent plus de 20 %, et tous les jeunes de moins de 24 ans plus de 60 % de la population totale. En 2050, l'ONU prévoit 460 millions de jeunes de 15 à 24 ans, avec un taux d'urbanisation de 56 %, et majoritairement vers les zones côtières[10] ! Dans un contexte africain d'extrême pauvreté (46 % des Africains) et d'une croissance exponentielle de la population, on devine aisément la « bombe à retardement » que représente la jeunesse africaine démunie et sans emploi !

Le Rapport de l'OCDE qui a envisagé le dédoublement de la croissance bleue a également projeté la création de 10 millions d'emplois dans ce secteur de l'économie l'horizon 2030, ce qui ferait passer les emplois du secteur d'environ 31 millions en 2010 à plus de 40 millions à l'horizon 2030.

Les pistes de développement de l'économie bleue durable, source de création d'emplois de masse au profit des jeunes et des femmes, doivent donc être explorées pour apporter une réponse efficace aux chômages et sous-emplois en Afrique. Une situation dramatique qui ronge les jeunes africains, qui, pour certains désespérés, prennent le chemin de l'immigration clandestine vers le supposé « Eldorado européen » au péril de leurs vies. Selon les statistiques de l'ONU, plus de 7.400 hommes, femmes et enfants sont morts dans leurs migrations à travers l'Afrique sur la période

[10] https://population.un.org/wpp/

de 2014 à 2019, environ 25 migrants africains meurent chaque semaine (environ 1.300 chaque année) sur le continent africain avant même d'embarquer pour de périlleux voyages maritimes vers l'Europe ou la péninsule arabique[11].

Un graphique de la CNUCED pour illustrer, s'il le fallait, l'importance et l'urgence de l'employabilité de la jeunesse africaine : pour réussir la capitalisation sur le fameux dividende démographique tant cité !

Part de la population mondiale en âge de travailler (15-64), par région (%)

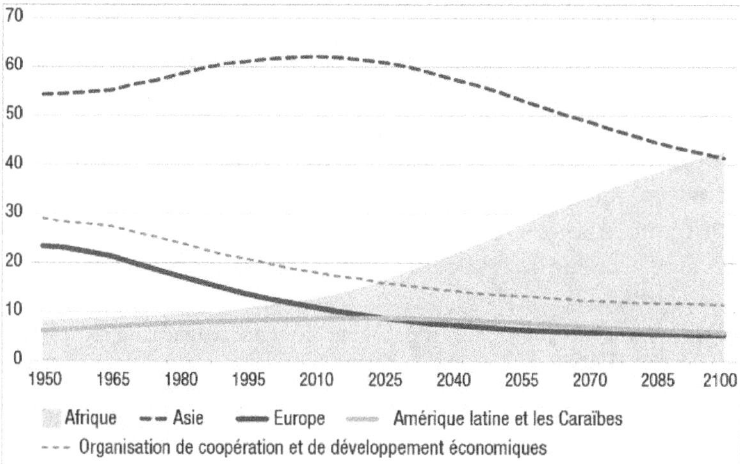

Source Calculs de la CNUCED, d'après United Nations Department of Economic and Social Affairs, 2017a.

Une évidence ! D'un côté, nous avons une capacité de développement et d'employabilité en devenir, de l'autre, une jeunesse en quête de sens et de revenus décents et non informels.

---

11 ONU, 2019. Plus de 7.400 morts sur les routes de migration africaines ces cinq dernières années (OIM) | ONU Info (un.org), consulté le 27/07/2023

Il est même admis que l'esprit d'entreprise est plus développé en Afrique que partout ailleurs. En 2012, par exemple, le pourcentage de jeunes Africains à la tête d'une nouvelle entreprise était significativement plus élevé qu'en Asie ou en Amérique latine[12] ! La jeunesse africaine ne souffre pas d'un manque d'esprit d'entreprise, loin de là, elle a juste besoin d'un écosystème favorable, d'un accompagnement pragmatique et fort pour canaliser positivement sa formidable énergie.

Autre singularité : le numérique (la digitalisation) est l'un des vecteurs clés du mode de communication des jeunes Africains. Ils « pensent » avec le numérique (500 millions d'utilisateurs de smartphone en 2020)[13], ils n'y intéressent pas uniquement en termes d'outil, mais comme une liberté et une source de création de valeurs.

Économie Bleue + numérique, voilà une formidable équation qui pourrait ouvrir les portes d'emplois décents pour une masse critique de jeunes africains et accélérer le développement de l'Afrique, portée par sa jeunesse.

“Qui pourrait”, car ce n'est pas le cas aujourd'hui ! Pour simplifier. Si sur le digital la jeunesse africaine n'a pas grand-chose à apprendre, autant sur l'économie bleue elle a tout à apprendre.

Pour engager la valorisation des potentialités et envisager atteindre le plein potentiel de l'économie bleue au profit du développement de l'Afrique et de l'épanouissement de sa jeunesse, les pays africains, pour ceux qui ne l'ont pas encore fait, doivent réaliser une **étude nationale/régionale sur l'économie bleue et l'emploi** (les PTF comme la BAD et le

---

[12] Bureau International du Travail – Rapport du directeur général – 13e réunion régionale 2015

[13] ONU, Banque Mondiale, Roland Berger, AFD - 2018

PNUD en ont financé dans certains pays d'Afrique de l'Ouest : Bénin, Togo, Guinée Conakry). Cette étude aboutira à :

- la définition d'une vision holistique de l'économie bleue au niveau national et/ou régional ;

- l'élaboration d'un Plan Stratégique de Développement de l'Économie Bleue ;

- la mise en place d'un cadre institutionnel intégré favorisant la synergie d'actions et la collaboration entre l'ensemble des parties prenantes ;

- l'actualisation du cadre juridique et règlementaire intégré et favorable à l'éclosion d'une économie bleue durable avec notamment un arsenal juridique efficace de lutte contre la piraterie maritime et la pêche INN, en phase avec les instruments internationaux et régionaux ;

- l'efficacité de l'action de l'État en mer (technologies de pointe, moyens d'actions efficaces, coopération) ;

- la définition des curricula de formation pour les métiers relevant de l'économie bleue et la formation des compétences dans les différentes filières de l'économie bleue en adéquation avec les potentialités du pays ou de la région dans le secteur ;

- le renforcement de l'employabilité des jeunes et des femmes dans les sous-secteurs de l'économie bleue ;

- la promotion de l'entrepreneuriat bleu axé sur les potentialités de chaque pays ou région ;

- le renforcement de la coopération et des investissements dans le secteur de l'économie bleue.

V- CONCLUSION

Suite à l'émergence de ce récent concept de l'économie bleue sur le continent, à cette prise de conscience des autorités, aux actions et à l'accompagnement financier qui est primordial, nous pourrions penser que l'économie bleue en Afrique vogue vers un destin salvateur pour le continent ou *a minima* pour les pays ayant un littoral si la dynamique se poursuit, se consolide, se généralise ! L'économie bleue se révèle être une formidable opportunité pour le développement de l'Afrique et l'avenir de sa jeunesse. C'est donc à juste titre que l'Union Africaine la qualifie de « **nouvelle frontière de la renaissance de l'Afrique** ».

Ernest TINDO

Président de l'Organisation Panafricaine de la Jeunesse pour l'Économie Bleue – OPJEB www.opjeb.org

Président de l'Association Béninoise de Droit Maritime et des Transports (ABDMT)

Directeur Général du cabinet international spécialisé en économie bleue, TIC, Arbitrage et médiation : BEST FOR AFRICA GROUP www.bestforafricagroup.com

Emails : tindoernest@yahoo.fr ;
tindoernest@bestforafricagroup.com

CADRE JURIDICO-INSTITUTIONNEL DE GESTION DES AIRES PROTÉGÉES EN RÉPUBLIQUE DU CONGO

par Jean-Bosco NGANONGO,
Directeur Général de l'Agence Congolaise de la Faune et des Aires Protégées.

INTRODUCTION

La création et la gestion des Aires Protégées (AP) en République du Congo s'appuient sur plusieurs textes juridiques nationaux concernant les secteurs et thématiques clés notamment : forêts, environnement, agriculture, mines, aménagement du territoire, foncier, promotion et protection des droits des populations autochtones. Le pays s'aligne également sur les accords, traités et conventions sous - régionaux, régionaux et internationaux.

Le pays dispose d'abondantes ressources en eau. Avec un potentiel de 88.196 m^3 par an et par habitant, le Congo est classé parmi les pays dits à « ressources en eau pléthoriques ». Les ressources en eau sont constituées des eaux de surface et des eaux souterraines. Les eaux de surface sont essentiellement drainées par le bassin du Congo et le bassin du Kouilou-Niari.

Le potentiel biologique des aires protégées en République du Congo est très varié et diversifié, comprenant plus de 200 espèces de mammifères ; environ 700 espèces d'oiseaux,

2 000 espèces d'insectes, 151 espèces de reptiles, 74 espèces d'amphibiens, 355 espèces de poissons et 5000 espèces de plantes.

Certaines de ces espèces sont menacées d'extinction, notamment 14 espèces de mammifères, 5 espèces de reptiles, 47 espèces de poissons et 41 espèces de plantes.

I- ENGAGEMENTS INTERNATIONAUX

Quelques conventions ont été ratifiées par le Congo en matière de préservation de l'environnement. Il s'agit entre autres de :

Conventions	Adhésion/Ratification par la République du Congo
Convention sur le commerce international des espèces de faune et flore sauvages menacées d'extinction (CITES,1973)	7 juillet 1982
Convention sur la Diversité Biologique (CDB,1992)	**1 août 1996**
Convention de Ramsar relative aux zones humides d'importance Internationale (1971)	18 octobre 1998
Convention sur la conservation des espèces migratrices (CMS,1979)	3 mars 1999
Convention des Nations Unies sur le droit de la mer (UNCLOS, 1982)	30 janvier 2008

À celles-ci s'ajoute le nouvel **accord mondial pour la biodiversité**, encore appelé **le « 30×30 »,** qui vise pour objectif de convertir 30 % de la planète en zones protégées à l'horizon 2030.

II- ENGAGEMENTS TRANSFRONTALIERS

La gestion commune des frontières se fait par le biais des aires protégées transfrontalières entre le Congo et ses pays voisins, dans le cadre des accords de coopérations et des protocoles d'accord sur la lutte anti braconnage, ainsi que certaines lois nationales (souveraineté des États). Il s'agit :

- ✓ Traité relatif à la gestion durable des écosystèmes forestiers et instituant la COMIFAC (2005) ;
- ✓ Tri National de la Sangha (TNS) avec le Cameroun et la RCA (2000) ; protocole d'accord sur la LAB (Art 1, 2, 3) ;
- ✓ Trinational Dja - Odzala – Minkébé (TRIDOM) avec le Cameroun et le Gabon (2005), 150 000 km², composé de 12 aires protégées (protocole de LAB) ;
- ✓ Binationale Lac Télé/Lac Tumba (BNLTLT) avec la RDC (l'étendue de tourbière constitue le principal enjeu actuel de ce complexe transfrontalier), 2009 ;
- ✓ Binationale Gamba-Conkouati (BNGC) avec le Gabon (2007).

III- AU NIVEAU NATIONAL

La République du Congo dispose d'une **législation spécifique** en matière de création et gestion des Aires protégées. Parmi les textes adoptés dans ce cadre, on peut citer :

- ✓ **Loi n°37-2008 du 28 Novembre 2008 sur la faune et les aires protégées :**

Ce texte énonce des principes de gestion et de conservation des écosystèmes forestiers, côtiers, fluvio-lacustres riches en biodiversité ou abritant les espèces endémiques ou menacées ; proscrit les zones protégées de toute exploitation forestière et minière ; énonce la quasi-totalité des aires protégées comme des zones de séquestration de carbone.

Cette loi, en cours de révision, s'applique à toutes les aires protégées, qu'elles soient terrestres ou marines.

- ✓ **Loi n°33-2020 du 8 Juillet 2020, portant Code Forestier de la République du Congo.**

Elle établit les principes d'un aménagement durable avec la création de différentes séries d'utilisations des terres, consacre le principe de la conservation de la biodiversité.

- ✓ **Loi n°003/91 du 23 Avril 1991 sur la protection de l'environnement**

Elle renforce la protection et la préservation de la faune et de la flore sauvages, des ressources marines et fluviales, la gestion, le maintien, la restauration et la protection ou la conservation des ressources naturelles, le patrimoine culturel, naturel et historique, la prévention et la lutte contre les atteintes à l'environnement et à la santé des personnes et à leurs biens.

IV- CADRE INSTITUTIONNEL

- ✓ Les AP sont encadrées par la **Direction de la Faune et des Aires Protégées** (DFAP) du Ministère de l'Économie Forestière.

- ✓ Elles sont gérées par une « **Agence Nationale** », dénommée **Agence Congolaise de la Faune et des Aires Protégées**, en sigle « **ACFAP** ». **Créée en 2012 par la loi 34/2012, l'ACFAP** est un établissement public administratif, doté de la personnalité morale et de l'autonomie financière.

V- PROCESSUS DE CREATION DES AP AU CONGO

- ✓ **Etape 1 :** Enquêtes préliminaires ;

- ✓ **Etape 2** : Choix du site ;

- ✓ **Etape 3** : Études techniques de base (référence) ;
- ✓ **Etape 4** : Validation des études par les parties prenantes ;
- ✓ **Etape 5** : Sensibilisation des communautés riveraines par le Ministère en charge des Aires Protégées ;
- ✓ **Etape 6** : Dépôt du dossier à la Commission de classement ;
- ✓ **Etape 7** : Validation des études par les Commissions techniques ;
- ✓ **Etape 8** : Commission Nationale de Classement ;
- ✓ **Etape 9** : Signature et promulgation du décret de création de l'AMP.

SOUS-THÈME 2 :
MISE EN ŒUVRE DE L'ACTION DE L'ÉTAT EN MER ET DANS LES EAUX CONTINENTALES : COORDINATION ET MUTUALISATION

L'ACTION DE L'ÉTAT EN MER EN CÔTE - D'IVOIRE

par Abroulaye FOFANA,
Secrétaire Permanent du Comité Interministériel de l'Action de l'État en Mer de la République de Côte d'Ivoire

CONTEXTE

Les 28 et 29 Juillet 2023, à l'invitation du Secrétaire Permanent du Comité Interministériel de l'Action de l'État en Mer et dans les Eaux continentales du Congo (SEPCIM-AEMEC), une délégation du SEPCIM-AEM s'est rendue à Pointe Noire, en vue de prendre part au Colloque « **Martin Parfait Aimé COUSSOUD-MAVOUNGOU** » portant sur le thème « l'Action de l'État en Mer et dans les Eaux continentales au Congo ».

Ce colloque, qui était à sa deuxième édition, porte le nom de feu le Ministre et Secrétaire Permanent du Comité Interministériel de l'AEMEC, initiateur du Mémorandum d'Entente en matière de sécurité maritime signé en 2022 avec le SEPCIM-AEM de Côte- d'Ivoire.

Ledit colloque a enregistré la participation des autorités ministérielles, civiles, militaires nationales ainsi que celles de hauts représentants de structures maritimes internationales. Les présentations et échanges ont permis de mieux cerner la problématique et les enjeux de la sécurité maritime au Congo.

Le Secrétaire Permanent du Comité Interministériel de l'Action de l'État en Mer de Côte d'Ivoire a partagé avec les participants l'expérience ivoirienne. A travers la présentation du sous-thème 2 intitulé « Mise en œuvre de l'Action de l'État en Mer et dans les eaux continentales ; Coordination et mutualisation ».

INTRODUCTION

Tous deux (2) membres de grands ensembles régionaux (CEEAC, CEDEAO, Architecture de Yaoundé), la Côte d'Ivoire et la République du Congo entretiennent des rapports très étroits dans les domaines politiques et économiques et aujourd'hui, en matière maritime. Cette coopération s'est matérialisée par la signature en février 2022 d'un protocole d'accord entre le SEPCIM-AEM et le SEPCIM-AEMEC en vue de la sécurisation des intérêts vitaux en mer des deux (2) États.

La présentation suivante s'appuiera sur l'expérience de la Côte d'Ivoire en matière d'Action de l'État en Mer.

En effet, les espaces maritimes de la Côte d'Ivoire, riches en ressources diverses, font l'objet de menaces permanentes. Au regard de l'importance de ces menaces, l'État de Côte d'Ivoire a mis en place des instruments juridiques et institutionnels afin de lutter contre elles et sécuriser son domaine maritime.

Ainsi, dans le souci d'éradiquer cette criminalité grandissante par une action collective et coordonnée des administrations régaliennes, le décret n° 2014-30 février portant organisation et coordination de l'Action de l'État en Mer., a été adopté le 10 février 2014.

L'Article 2 de ce décret définit ainsi l'AEM : « L'Action de l'État en Mer désigne toutes les missions exercées en mer et dans les eaux intérieures par les administrations de l'État. Elle repose sur une coordination des activités des administrations disposant ou bénéficiant de compétence et de moyens en mer et dans les eaux intérieures ».

Ce sont donc des missions d'administration et de gestion, mais également des missions opérationnelles et de police dont la mise en œuvre en Côte d'Ivoire est placée sous l'autorité de son Excellence Monsieur le Premier Ministre, autorité unique en matière d'Action de l'État en Mer sous l'autorité duquel le Secrétaire Permanent assure la coordination.

I- PRÉSENTATION DU DOMAINE MARITIME ET FLUVIO-LAGUNAIRE DE LA CÔTE D'IVOIRE

- Potentialités naturelles maritimes et fluvio-lagunaires

La Côte d'Ivoire dispose d'un important plan d'eau maritime, stricto sensu s'étend sur un littoral de 565 km avec une Zone Économique Exclusive d'une superficie de 203.700 km^2, soit 62 % de la superficie du territoire terrestre de la Côte d'Ivoire, en vertu des dispositions pertinentes de la Convention des Nations Unies sur le droit de la mer, adoptée en 1982 à Montego Bay en Jamaïque et entré en vigueur en 1994.

Le réseau lagunaire s'étend sur plus de 300 km depuis la frontière ivoiro-ghanéenne à l'Est, jusqu'au système lagunaire de Grand-Lahou au Sud-Ouest et couvre une superficie d'environ 1.200 km^2. Ce système se répartit en trois (3) grandes lagunes orientées d'Est en Ouest, reliées entre elles par des canaux naturels et artificiels.

Il convient d'ajouter à ce système lagunaire, un important réseau fluvial comprenant quatre grands fleuves que sont le Sassandra, le Comoé, le Bandama et le Cavally, tous s'écoulant du Nord vers le Sud.

Ce réseau fluvio-lagunaire est navigable et présente d'énormes potentialités touristiques, halieutiques et de développement socio-économique, notamment en matière de transports urbains et interurbains permettant de désengorger les routes, et de créer de nombreux emplois pour les communautés locales.

C'est ce vaste espace maritime et fluvio-lagunaire riche en ressources halieutiques et énergétiques faisant, d'une part, l'objet de risques et de menaces, et d'autre part, constituant un potentiel de développement de l'économie bleue qui fonde l'existence de l'AEM.

- Les atouts et intérêts

Un domaine maritime et portuaire avantageusement situé dans le Golfe de Guinée, associé à une économie nationale et de l'hinterland dynamique a conduit au développement du secteur maritime en Côte d'Ivoire.

II- DÉFIS

La crise économique des années 80-90 et la crise militaro-politique des années 2000 vont avoir un fort impact sur les activités maritimes et portuaires de la Côte d'Ivoire.

En outre, la Côte d'Ivoire, tout comme l'ensemble des États du Golfe de Guinée, doivent faire face à une criminalité maritime régionale persistante (piraterie, vols à main armée à l'encontre des navires, pêche illégale, narcotrafic, ...) conjuguée à une insuffisance des capacités de surveillance et de patrouilles maritimes dans un vaste espace maritime qui va conduire à la prise d'initiatives au niveau régional, sous-régional et national.

III- INITIATIVES

L'impulsion pour le développement d'une stratégie nationale de sécurité maritime, outre le contexte national tire également sa source dans le développement quasi simultané de stratégies de sécurité maritime à l'échelle continentale, régionale et sous-régionale.

1- Echelle régionale et sous-régionale

- Sommet de Yaoundé (CEDEAO-CEEAC-CGG) en Juin 2013

Le sommet des Chefs d'État et de Gouvernement des Communautés régionales de la CEDEAO, de la CEEAC et de la CGG sur la sécurité et la sûreté maritimes du Golfe de Guinée tenu en Juin 2013, a abouti à la mise en place du processus de Yaoundé comprenant le Code de Conduite, et l'Architecture de sécurité maritime du même nom.

L'adoption d'une Stratégie nationale de l'AEM et l'instauration du Secrétariat Permanent du Comité Interministériel de l'Action de l'État en Mer sont une réalisation au niveau national des décisions du Sommet de Yaoundé.

- Stratégie Maritime Intégrée de la CEDEAO (SMIC) en Mars 2014

Une stratégie sous-régionale de sécurité maritime, appelée également SMIC a été adopté par les États de la CEDEAO, pour la mise en œuvre régionale des décisions du Sommet de Yaoundé pour un domaine maritime commun prospère, sûr et pacifique, facteur de développement durable et de création de richesses dans la zone de la CEDEAO.

- Stratégie Maritime Intégrée de l'Union Africaine (AIMS 2050) Janvier 2014.

La Stratégie AIM 2050 de l'Union africaine de 2014 vise également les mêmes objectifs de sécurité maritime et de développement de l'économie bleue à l'échelle continentale.

2- initiatives nationales

La réflexion autour de la réforme du secteur de la sécurité (RSS) est née au lendemain de la crise militaro-politique qui a secoué notre pays pendant plus d'une décennie. La vision portée par le Président de la République a abouti à l'élaboration et l'adoption d'une Stratégie de sécurité nationale dont le volet maritime est constitué par la Stratégie Nationale de l'AEM adoptée en Novembre 2014.

IV- CONCEPT DE L'ACTION DE L'ÉTAT EN MER

L'Action de l'État en Mer en Côte d'Ivoire est inspirée de celui de la France et désigne « toutes les missions exercées en mer et dans les eaux intérieures par les administrations de l'État. Elle repose sur une coordination des activités des administrations disposant ou bénéficiant de compétence et de moyens en mer et dans les eaux intérieures » selon le décret de création de l'AEM de 2014.

L'AEM est donc un vocable qui regroupe en son sein des missions relevant de l'État en mer. Il s'agit de la coordination de l'ensemble des activités civiles et militaires des administrations ayant compétence en mer et dans les eaux intérieures ivoiriennes. Ce sont des missions d'administration et de gestion, mais également des missions opérationnelles et de police.

Elle regroupe plus de 15 ministères et leurs administrations compétentes, notamment les ministères régaliens, défense, sécurité, affaires étrangères, justice et ceux en charge du transport, des finances, de la pêche, des hydrocarbures, et de l'environnement ainsi que les administrations suivantes : toutes les composantes les forces armées (Terre, Air, Mer), gendarmerie, police, affaires maritimes, douanes, direction des pêches, direction des hydrocarbures etc....

La mise en œuvre de cette stratégie est placée sous l'autorité du Premier Ministre, autorité maritime nationale en matière d'Action de l'État en mer sous l'autorité duquel le Secrétaire permanent assure la coordination.

L'Action de l'État en Mer a pour objectifs principaux : la sécurisation de l'espace maritime ivoirien ainsi que le développement d'une économie bleue prospère au bénéfice des populations.

Par ailleurs, plusieurs défis à relever sont contenus dans cette stratégie, à savoir : la lutte contre la piraterie maritime, la pêche INN, les trafics illicites en tout genre et la protection de l'environnement marin contre tout type de pollution.

V- CADRE JURIDIQUE ET INSTITUTIONNEL DE L'ACTION DE L'ÉTAT EN MER (SEPCIM-AEM)

Ce concept de gouvernance maritime qu'est l'AEM repose sur un arsenal juridique composé de textes nationaux pris en vue d'encadrer la lutte contre les actes illicites pouvant être commis en mer (1). Ce cadre juridique s'accompagne d'un cadre institutionnel (2) cohérent intégrant l'ensemble des acteurs ayant des compétences ou des intérêts en mer.

1- Le cadre juridique de l'AEM

La réponse apportée par le Gouvernement ivoirien dans sa volonté d'éradiquer les menaces et risques contre la sécurité maritime s'est traduite par l'adoption du décret n° 2014-30 du 3 Février 2014 portant organisation et coordination de l'Action de l'État en Mer (AEM) avec pour objet, selon son article 1, de déterminer l'organisation et la coordination de l'Action de l'État en Mer et dans les eaux intérieures.

La Côte d'Ivoire est également dotée d'une Stratégie Nationale de l'Action de l'État en Mer (SN-AEM), en Conseil des Ministres le 05 Novembre 2014. Cette Stratégie donne un cadre de référence pour les politiques publiques concernant la mer et le littoral et, plus globalement, pour tous les acteurs de l'économie maritime et du Littoral.

Elle répond à la vision du Gouvernement de promouvoir des espaces maritimes sécurisés, sûrs et durables au service du développement économique et humain.

Les principaux textes constituant l'arsenal juridique ivoirien entrant dans le cadre de l'AEM se présentent comme suit :

- Stratégie de sécurité nationale (2012) ;

- Décret N° 2014-30 du 3 Février 2014 portant organisation et coordination de l'AEM ;

- Décret 2015-584 du 5 Août 2015 portant création, attributions, organisation, et fonctionnement de la Préfecture Maritime Est ;

- Décret 2015-585 du 5 Août 2015 portant création, attributions, organisations, et fonctionnement de la Préfecture Maritime Ouest ;

- Décret 2016-52 du 10 Février 2016 portant création du Secrétariat permanent de comité Interministériel de l'AEM auprès du Premier Ministre ;

- Arrêté n° 39/PM/CAB du 05 Février 2019 portant attributions, organisations, et fonctionnement du SEPCIM AEM.

2- Le cadre institutionnel

Le cadre institutionnel de l'AEM en Côte d'Ivoire se présente selon l'organigramme suivant :

- Au niveau stratégique

L'AEM relève au premier niveau du Conseil National de Sécurité. Celui-ci est un organe de réflexion et d'orientation stratégique sur toutes les questions sécuritaires qui se posent à la Côte d'Ivoire. Il est présidé par le Président de la République et animé par le Secrétaire du Conseil National de Sécurité (S-CNS).

Il est l'organe suprême de direction et d'orientation de la Stratégie Nationale de l'Action de l'État en Mer.

Il fixe donc les grandes orientations devant être mises en œuvre par le Comité Interministériel de l'AEM, lequel est présidé par le Premier Ministre.

- Au niveau de la coordination

La coordination nationale des activités de l'AEM est assurée par le Secrétariat permanent du comité interministériel de l'action de l'État en mer (SEPCIM-AEM), sous l'autorité du Comité interministériel présidé par le Premier Ministre.

Le Premier Ministre est la première autorité en matière de l'Action de l'État en Mer. Il est le premier responsable de la coordination au niveau national dans la mise en œuvre de la Stratégie Nationale de l'Action de l'État en Mer.

Le Secrétariat permanent est l'organe exécutif du Comité interministériel placé sous l'autorité du Premier Ministre. Il a pour rôle de mener la coordination au quotidien des activités relevant de l'AEM. Ainsi, conformément au décret n° 2016-52 du 10 Février 2016 modifiant le décret n° 2014-30 Février 2014 portant organisation et coordination de l'Action de l'État en Mer, tel que modifié par le décret n° 2015-583 du 5 Août 2015, il est chargé d'assurer la préparation des réunions du comité interministériel de l'action de l'État en mer, la préparation et le suivi des décisions du CIM-AEM, de veiller à l'échelon central, au suivi de la coordination de l'Action de l'État en Mer et d' établir un schéma directeur des moyens de l'AEM.

Le Secrétariat permanent est animé par un Secrétaire permanent.

- Au niveau opérationnel

Dans l'architecture de l'Action de l'État en mer, le Préfet maritime (PREMAR) est l'Autorité maritime opérationnelle dans sa zone de compétence. Il est le représentant de l'État en mer et la pièce maîtresse de cet instrument. Les deux zones maritimes Est et Ouest partageant en deux le domaine maritime ivoirien sont coordonnées localement par le PREMAR Est et le PREMAR Ouest.

Chaque PREMAR coordonne les antennes des administrations de l'AEM présentes dans sa zone de compétence et dispose d'un Centre Opérationnel Maritime (COM).

En attendant la nomination effective des Préfets maritimes, le SEPCIM et la Marine nationale assument et assurent selon leurs compétences respectives ces charges.

- Au niveau sectoriel

La mise en œuvre de l'AEM fait appel à plusieurs administrations ayant des compétences en mer et qui disposent de moyens matériels et humains propres à l'exercice de leurs missions. Les administrations majeures intervenant dans le domaine de l'AEM sont :

- les Forces armées (Marine Nationale, Forces aériennes, Forces terrestres) ;

- la Gendarmerie nationale ;

- la Direction générale de la police ;

- la Direction générale des douanes ;

- la direction générale des affaires maritimes et portuaires ;

- l'Office national de la protection civile ;

- le Centre ivoirien anti-pollution ;

- la Direction de l'aquaculture et des pêches ;

- les Ports autonomes d'Abidjan et de San Pedro ;

- la Direction générale des hydrocarbures ;

- Le Ministère chargé des affaires étrangères ;

- le Ministère chargé de la justice.

Dans le cadre de l'AEM, les acteurs majeurs sont chargés de missions qui ne remettent pas en cause leurs attributions courantes.

La Marine nationale est l'entité centrale de la mise en œuvre de la fonction garde-côtes. Elle dispose d'engins navals composés de vedettes, de zodiacs et de patrouilleurs qui devraient lui permettre d'assurer la surveillance des côtes ivoiriennes.

VI- AXES STRATEGIQUES DE LA SNAEM

Six axes majeurs fondent l'action de la SNAEM :

Axe1 : le renforcement de la gouvernance de l'AEM à travers l'amélioration du cadre juridique et institutionnel ;

Axe2 : la promotion de la sécurité et la sureté maritimes, grâce à un système robuste de surveillance ;

Axe 3 : la protection de l'environnement marin par la mise en place d'un dispositif efficace de prévention et de lutte contre la pollution et les catastrophes naturelles ;

Axe 4 : la promotion de l'économie maritime par la mise en place d'un dispositif efficace de lutte contre la pêche illicite et autres trafics de toutes natures ;

Axe 5 : la communication, la sensibilisation, la formation et la recherche dans le domaine de l'AEM ;

Axe 6 : le développement de la coopération au niveau bilatéral, régional, continental et international.

VII- MISSIONS PRINCIPALES DU SEPCIM-AEM

Le SEPCIM-AEM a pour missions principales de :

- assurer la préparation et le suivi de la mise en œuvre des recommandations du CIM ;

- participer à la définition de la politique maritime du Gouvernement ;

- veiller à l'échelon central à la coordination de l'AEM ;

- veiller à la disponibilité opérationnelle des moyens de l'AEM ;

- veiller à la tenue à jour de la réglementation relative à l'AEM ;

- assurer la promotion des règles internationales et nationales régissant l'AEM ;

- participer à la mise en œuvre de la loi de programmation militaire et de la loi de programmation de la sécurité intérieure dans les domaines qui concernent l'AEM ;

- veiller au fonctionnement et à l'animation des Préfectures maritimes ;

- veiller à l'exécution des engagements de l'État vis-à-vis des structures sous régionales et internationales (CIC, CRESMAO, CRESMAC, ISMI, CMMC) ;

- assurer le développement et la mise en œuvre de la coopération internationale en matière d'AEM.

VIII- ACTIVITES MARQUANTES

1- Cadre opérationnel et informationnel

- élaboration d'une architecture de surveillance du domaine maritime (2017) ;
- - élaboration et coordination d'un cadre opérationnel de sécurisation des activités offshore (2017) ;
- élaboration du schéma directeur des moyens de l'AEM (2019) ;
- mise en place d'un réseau de points focaux inter-AEM ;

- mise en place d'une plateforme d'alerte inter-AEM, « Vigilance AEM » ;

- mise en place d'un réseau de communication (site internet, Facebook, Twitter, LinkedIn).

2- Cadre juridique

- renforcement des capacités de la chaîne pénale (OPJ et Magistrats) ;

- mise en place de la Cellule juridique de la Zone Maritime Ouest.

3- Coopération régionale

- coordination du débriefing entre la RCI-Ghana sur un incident transfrontalier de sécurité maritime ;

- participation à l'élaboration du Mémorandum d'entente pour les opérations conjointes de la Zone F4.

4- Coopération internationale

- participation aux exercices annuels OBANGAME Express et Grand Africa NEMO ;

- appui et coordination stratégique de l'Opération conjointe inter-administrations « JUNCTION RAIN » avec les USA (2018) ;

- Pilotage des coprésidences de la Côte d'Ivoire aux éditions du G7++ Amis du Golfe de Guinée en 2018, 2022 et 2023 ;

- pilotage national des activités du Partenariat pour la coopération Atlantique présidée par les Etats-Unis d'Amérique ;

- coordination inter-administrations de travaux ayant abouti à un accord de sécurité maritime avec les Etats-Unis d'Amérique en 2024.

5- Développement économique

- élaboration d'une Stratégie de développement de l'économie bleue.

6- Formation

- présidence du Comité stratégique de l'institut de sécurité maritime Inter-régionale (ISMI).

CONCLUSION

Le succès de la mise en œuvre de l'AEM dépend en grande partie de la capacité du Gouvernement à mettre en mouvement les différentes actions prévues à cet effet.

Pour réussir ce défi, plusieurs conditions doivent être réunies, entre autres, l'engagement politique, la mobilisation de ressources humaines et matérielles, la qualité de la coordination inter-agences.

Au regard de l'expérience ivoirienne, il est légitime de penser que l'implémentation de l'AEM dans nos pays, reste sans doute, l'un des modèles les plus cohérents et le plus adaptable à la sécurisation de nos espaces maritimes.

Les menaces en mer étant transnationales, elle s'intègre parfaitement dans l'architecture régionale de sécurité maritime dans laquelle la Côte d'Ivoire et le Congo appartiennent.

Dans l'intervalle, l'efficacité de l'AEM dépendra de notre capacité collective à mutualiser effectivement les moyens de l'AEM, partager les informations et agir de manière coordonnée dans le cadre de l'Architecture de Yaoundé.

LA SÉCURITÉ ET LA SÛRETÉ FLUVIALES A L'ÉPREUVE DU CODE DE LA NAVIGATION INTÉRIEURE CEMAC/RDC

par Lionel Darnel KONABEKA EKAMBO APETO,
Conseiller Administratif et Juridique du Ministre de l'Économie Fluviale et des Voies Navigables

INTRODUCTION

Les États membres de la Commission internationale du bassin Congo-Oubangui-Sangha (CICOS), soucieux de voir le réseau fluvial qu'ils partagent en commun être bien régi, ont mis en place des instruments juridiques internationaux dans le cadre sous-régional.

Ces outils juridiques garantissent les intérêts communs et individuels des États, d'une part, et permettent d'envisager un développement harmonieux et durable du sous-secteur du transport fluvial, d'autre part.

C'est ainsi que le code de la navigation intérieure CEMAC/RDC, instrument juridique communautaire, a été institué par le règlement n° 14/99/ CEMAC-036-CM-03 adopté par le Conseil des ministres, tenu le 17 Décembre 1999 à N'djamena, au Tchad.

Ce code a été proposé par les ministres en charge de la navigation intérieure, réunis en Comité Ad hoc en Novembre 1999 à Brazzaville.

Pour renforcer l'intégration régionale dans le bassin du Congo et promouvoir une coopération solide entre les États en matière de navigation fluviale, les experts de la Communauté Économique et Monétaire de l'Afrique Centrale (CEMAC) et ceux de la République démocratique du Congo (RDC), avec l'appui technique et financier de la Coopération Économique Allemande (CEA), ont élaboré et fait adopter en 1999, par l'ensemble des États concernés, « le code de la navigation intérieure CEMAC/RDC ».

Ensuite, ils ont approuvé la proposition de la CEA de mettre en place un organisme de gestion du bassin, chargé de la mise en application dudit code, à l'instar des autres organismes de gestion des bassins, tel que le Rhin, le Mekong, le Niger.

Afin de concrétiser ce projet, les chefs d'État des pays riverains (la République du Cameroun, la République du Congo, la République centrafricaine et la République démocratique du Congo), ont signé le 6 novembre 1999, l'accord instituant un régime fluvial uniforme et créant la Commission Internationale du bassin Congo - Oubangui-Sangha (CICOS), ainsi que son additif signé le 22 Février 2007.

L'avènement de la CICOS, comme organe intergouvernemental, apporte ainsi une solution durable aux limites des mécanismes de coopération initiés par le passé.

L'entité territoriale CEMAC-RDC est constituée des pays suivants : la République du Cameroun, la République du Congo, la République centrafricaine, la République de Guinée

Equatoriale, la République du Tchad et la République démocratique du Congo. Actuellement, d'autres pays se sont ajoutés ; il s'agit notamment de la République Gabonaise et de la République Angolaise.

La CICOS a deux missions principales :

- la promotion de la navigation intérieure ;

- la gestion intégrée des ressources en eau.

La compétence territoriale de la CICOS s'étend sur l'ensemble du bassin versant du fleuve Congo situé sur les territoires des États membres.

La CICOS s'est donnée comme objectifs, de :

- garantir la gestion durable des voies navigables ;

- harmoniser la réglementation en matière de transport fluvial pour la sécurité de la navigation et la promotion de l'environnement ;

- intégrer tous les usages des ressources en eau dans la planification régionale ;

- optimiser les allocations d'eau par usage ;

- partager entre les États, les bénéfices générés par les usages de l'eau ;

- soutenir le développement et lutter contre la pauvreté dans la sous-région ;

- promouvoir la sécurité alimentaire.

S'agissant de notre sujet, la sécurité et la sûreté fluviale à l'épreuve du code de la navigation intérieure CEMAC/RDC, il s'agit d'identifier les dispositions relatives à la sécurité et à la sûreté fluviales contenues dans ledit code et d'apprécier leur applicabilité par le Congo, en sa qualité d'État signataire.

Il sied de préciser qu'au cours de notre travail de recherche, nous avons constaté que le code de la navigation intérieure CEMAC/RDC, ne définit pas ce que l'on entend par sécurité et sûreté fluviales. Il énumère uniquement les règles relatives à la sécurité fluviale et n'évoque en aucun cas, les règles de sûreté fluviale.

Cependant, en vue de combler le vide juridique existant au niveau sous-régional, la République du Congo s'est dotée respectivement de la loi n°5-2019 du 8 Février 2019 relative aux modalités de recours à la coercition et à l'emploi de la force en mer et dans les eaux continentales et du décret n°2019-125 du 3 Mai 2019 portant organisation et coordination de l'action de l'État en mer et dans les eaux continentales.

Par conséquent, notre communication est structurée en deux grandes parties.

Dans la première partie, nous allons échanger sur les règles de sécurité fluviale consacrées dans le code de la navigation intérieure CEMAC/RDC (I).

Dans la seconde partie, nous aborderons les questions de sécurité fluviale à l'épreuve des faits (II).

I- LA CONSECRATION DES REGLES DE SÉCURITÉ FLUVIALE DANS LE CODE DE LA NAVIGATION INTÉRIEURE CEMAC/RDC

Dans cette partie, nous allons d'abord distinguer les notions de sécurité et sûreté fluviales (A), avant d'aborder le volet consacré aux règles de sécurité fluviale contenues dans le code CEMAC/RDC (B).

A- La distinction entre la sécurité et la sûreté fluviales

On entend par sécurité, un ensemble des mesures déployées pour protéger les biens et les personnes des accidents et catastrophes tels les incendies ou encore les catastrophes naturelles. Elle permet de pallier les défaillances techniques et consiste à assurer le maintien de l'ordre. En d'autres termes, elle englobe les mesures de prévention et de secours.

Par conséquent, elle se dote d'outils, de politiques et de plans d'urgence ainsi que de ressources humaines qualifiées.

La sécurité fluviale se définit donc comme l'ensemble des dispositifs, mesures et règles mis en place sur les cours d'eaux, plans d'eaux et leurs pourtours pour protéger les personnes, les embarcations, les ports ou installations portuaires.

La sûreté fluviale quant à elle, est l'ensemble des mesures déployées pour prévenir les actes de malveillance humaine, pour protéger les biens et les personnes de leurs conséquences, tels les vols ou encore les attentats, etc…

La sûreté fluviale est donc, un ensemble des mesures de protection des personnes et des biens face à tout acte de malveillance, de délinquance, de terrorisme et a pour but de détecter les menaces d'actes illicites qui pèsent sur les bateaux, les ports, les installations portuaires et de prendre des mesures de protection contre toutes sortes de menaces tels que le sabotage, les passagers clandestins, les immigrants illégaux ou demandeurs d'asile, les actes de piraterie ou de vol à main armée, la capture, le pillage, la nuisance ou attaque par surprise, etc…

Dès lors qu'il y'a une intention malveillante, une réelle intention de nuire, le risque relève de la sûreté.

Les concepts sûreté et sécurité sont étroitement liés. Par abus de langage, on confond souvent sûreté et sécurité, or il existe une subtile différence. Pour faire la différence entre ces deux concepts, une notion essentielle s'impose : l'intention.

D'une manière générale, la différence entre les deux termes, sécurité, et sureté serait donc la notion d'engagement, de responsabilité individuelle dans l'origine de l'acte qui impose des mesures de prévoyance ou de protection. Dès lors qu'il y'a une intention malveillante, une réelle intention de nuire, le risque relève de la sûreté.

De manière spécifique, la sécurité fluviale vise les évènements d'origine accidentels sans cause anthropiques volontaires. La sûreté fluviale quant à elle se rapporte aux actes de malveillance volontaires.

B- Les règles de sécurité fluviale fixées par le code de la navigation intérieure CEMAC/RDC

À la différence du code international de gestion de sécurité (ISM) qui est un code applicable aux compagnies maritimes et du code international pour la sûreté des navires et des installations portuaires en mer (ISPS) dont l'application permet de sécuriser les transports maritimes, ainsi que les actes illicites contre les navires ou les installations portuaires, le code CEMAC/RDC ne définit pas expressément la notion de sécurité fluviale. Toutefois, il se contente à énumérer les différentes normes relatives à la sécurité fluviale.

Les questions de sécurité fluviale dépendent dans une large mesure de l'état des unités fluviales, de la qualification des membres d'équipage, de l'état des voies de navigation, des caprices de la nature, du chargement des unités fluviales, de la nature des marchandises embarquées à la connaissance et à l'application stricte de la réglementation en vigueur. Elles sont contenues dans le code aux titres ci-après :

1- Titre II : Des voies de navigation intérieure

Selon le code CEMAC/RDC, « les voies de navigation intérieure sont des voies de navigation naturelles ou artificielles autres que maritimes, balisées par des signaux nautiques conformément aux dispositions des articles 14 et 15 du présent code, permettant aux bâtiments et menues embarcations de circuler compte tenu du mouillage offert et d'accéder aux chenaux et ports de dépendance ».

Dans ce titre, cinq (05) chapitres relatifs à la sécurité fluviale ont été identifiés.

- le chapitre 3, qui définit les conditions d'utilisation des voies de navigation intérieure. Il s'agit d'adapter les caractéristiques des bâtiments et menues embarcations (longueur, largeur, tirant d'eau et vitesse) à celles des voies navigables et des ouvrages d'art, conformément à la classification des voies de navigation intérieure.

- le chapitre 4, est relatif aux chenaux d'accès aux ports.

Ici, le chenal d'accès au port est défini comme étant une portion de route de navigation courte, suffisamment large et attenante à une principale qui donne accès au port. Les articles 7, 8 et 9 donnent les conditions d'utilisation de cette voie.

- le chapitre 5, est relatif aux règles de protection des voies de navigation intérieure et les articles 10 à 13 énoncent les règles de protection des voies navigables.

- le chapitre 6, est relatif au balisage des voies de navigation intérieure pour faciliter la navigation dans les eaux intérieures. Pour l'entretien des voies de navigation, certaines opérations doivent être effectuées, notamment, le balisage et l'entretien (dragage, dessalage, dérochement…).

- le chapitre 7, se rapporte à l'assistance, au sauvetage et à l'obligation de veille. Il énonce l'ensemble des procédures pouvant préserver la sécurité des biens et des personnes embarqués, énoncées par les articles 16 et 17.

2- Titre III : Des bâtiments de navigation intérieure

Dans ce titre, les chapitres ci-après définissent les documents de bord, les conditions d'immatriculation, de jaugeage, et les hypothèques se greffant aux bâtiments de navigation intérieure.

- le chapitre 1, est consacré à l'immatriculation et à l'identification des bâtiments. Les articles 18 à 20 précisent les unités fluviales à immatriculer et les possibilités de leur identification ;

- le chapitre 2, concerne le jaugeage, les marques et l'échelle de tirant d'eau. Les articles 21 et 22 instituent les conditions de jaugeage ;

- le chapitre 3, énumère les documents de bord. L'article 23 évoque l'ensemble des documents qui doivent faire l'objet des contrôles par l'autorité compétente ;

- le chapitre 4, est consacré aux assurances. L'article 24 exige que tout bâtiment de navigation intérieure soit assuré à l'exception des bâtiments des administrations fluviales et de l'armée ;

- le chapitre 5, est dédié aux signalisations visuelles et sonores ainsi qu'à la radiophonie. Ce chapitre présente en ses articles 26 à 36, les signaux visuels, sonores et radiographiques à utiliser pendant la navigation fluviale ;

- le chapitre 6, est consacré aux droits réels, aux privilèges et aux hypothèques fluviaux.

A travers les articles 36 à 63, ce chapitre présente la gestion des différentes créances, les privilèges fluviaux et les hypothèques fluviales.

- Le chapitre 7, est relatif à la saisie et à l'ordre. Il est consacré à la saisie conservatoire et à la responsabilité civile de l'armateur pendant la navigation.

3- Titre IV : Du personnel navigant

Ce titre catégorise le personnel navigant, précise les responsabilités du capitaine et le lien entre les équipages et l'armateur respectivement aux chapitres 2, 3 et 4 à travers les articles 79 à 113.

4- Titre V : Des règles de routes et de stationnement

A travers l'annexe 7, le code édicte l'ensemble des règles de route et de stationnement afin de sécuriser la navigation intérieure (articles 1 à 18).

5- Titre VI : De la police sanitaire

Les mesures d'hygiène et la gestion des maladies quarantenaires sont édictées dans les chapitres 1ers, 2 et 3 (articles 115 à 123).

6- Titre VII : Des dispositions relatives à l'environnement

Les chapitres 1er et 2 sont relatifs aux définitions et à la protection des eaux et à l'élimination des déchets provenant à bord des bâtiments.

7- Titre VIII : De l'inspection de la navigation fluviale

Ce titre précise les conditions de départ d'un bâtiment d'un port, le rôle de l'inspection de la navigation fluviale et les conditions de navigation d'un bâtiment affecté à ladite inspection à travers les chapitres 1er, 2 et 3.

8- Titre IX : Du régime disciplinaire et pénal

Ce titre contient les chapitres 1ers, 2 et 3 relatifs respectivement au champ d'application, au régime disciplinaire et pénal applicables aux bâtiments de navigation intérieure.

9- Des droits et taxes

Ce titre est consacré au paiement des droits et taxes fixés, conformément à la législation de chaque État membre dans le cadre de la navigation sur les voies d'eaux intérieures.

10- Des Annexes

Les annexes sélectionnées complètent les dispositions de sécurité et de sûreté fluviales énoncées supra.

Il s'agit, de l':

- annexe 1 : le balisage des voies de navigation intérieure ;
- annexe 3 : l'intensité lumineuse des services et portées lumineux ;
- annexe 4 : les croquis de signalisation des bâtiments ;
- annexe 5 : la signalisation visuelle des bâtiments ;
- annexe 6 : les signaux sonores ;
- annexe 7 : la prescription relative au transport de matières dangereuses ;
- annexe 8 : les catégories de maladies visées par le code.

Outre le code de la navigation intérieure CEMAC/RDC, la sécurité et la sûreté fluviales sont encadrées par d'autres règlements dont la vulgarisation au niveau régional est faite par la CICOS à travers les ateliers.

II- LA SÉCURITÉ FLUVIALE A L'ÉPREUVE DES FAITS

La République du Congo en sa qualité d'État signataire de cet instrument juridique, a procédé à la transposition des règles de sécurité fluviale prévues par le code de la navigation intérieure CEMAC/RDC au sein de ses législation et réglementation nationales, tout en prenant en compte des règles de sûreté fluviale dans le but de combler le vide juridique existant au niveau sous-régional (A). Toutefois, cet arsenal juridique est confronté à d'énormes difficultés de mise en œuvre (B).

A- La transposition des règles de sécurité fluviale dans la législation et la réglementation nationales

Dans le souci d'avoir un régime commun uniforme, chaque État membre devait faire la transposition des règles relatives à la sécurité fluviale dans ses législation et réglementation nationales. Les textes ci-après mentionnés montrent les efforts déjà entrepris par le Gouvernement congolais.

A_1- Des textes législatifs, il s'agit, notamment, des lois, ordonnances et accord tripartite ci-après :

- **loi** n°003/91 du 23 Avril 1991 portant protection de l'environnement ;

- **loi** n° 24-2019 du 12 Juillet 2019 portant création du port autonome d'Oyo (PAO) ;

- **ordonnance** n°4-2000 du 16 Février 2000 portant création du port autonome de Brazzaville et ports secondaires (PABPS) ;

- **protocole d'accord tripartite** du 24 Novembre 2000 répartissant les sections à entretenir et la nature des travaux à effectuer.

Ce protocole signé entre la République démocratique du Congo (RDC), la République du Congo (RC) et la République centrafricaine (RCA), répartit les secteurs d'entretien entre la régie des voies fluviales pour la partie destinée à la République démocratique du Congo et celle confiée au Groupement d'Intérêt Économique pour le Service Commun d'Entretien des Voies Navigables (GIE-SCEVN) pour le compte de la RC et la RCA.

A_2- Des textes règlementaires, il s'agit, notamment, des décrets et arrêtés ci-après :

- **décret** n° 2010-337 du 14 Juin 2010 fixant les conditions d'agrément et d'exercice des professions de la navigation fluviale et des professions connexes ;

  Il regroupe un ensemble de dispositions encadrant, l'accès et l'exercice des professions de la navigation fluviale et des professions connexes.

- **décret** n° 2012-386 du 19 Avril 2012 portant attributions et organisation de la direction générale de la navigation fluviale ;

  Ce décret organise et précise les missions des structures composant la direction générale de la navigation fluviale dont la direction de l'inspection fluviale.

- **arrêté** n°4551/MTACCMM du 9 Avril 2002 fixant les montants des redevances, droits et frais afférents à l'accomplissement des actes administratifs liés à la navigation fluviale ;

- **arrêté** n°3367 du 15 Juillet 2002 portant interdiction de la présence des objets immergés sur les voies d'eau intérieure ;

- **arrêté** n°5626 du 4 Septembre 2002 portant immatriculation et identification des bâtiments de navigation intérieure. Il confère à la direction générale de la navigation fluviale le droit d'immatriculer les unités fluviales, précise les unités fluviales pouvant être immatriculées et les marques d'identification y afférentes ;

- **arrêté** n°3364 du 15 Juillet 2002 portant réglementation du contrôle technique des bâtiments de la navigation intérieure. Ce texte fixe les conditions préalables à la délivrance du certificat de navigabilité des bâtiments de la navigation intérieure, déterminant l'aptitude d'une unité fluviale à la navigation ;

- **arrêté** n° 3366 /MTACMM du 15 Juillet 2002 fixant les conditions d'obtention du certificat de capacité. Le certificat de capacité est le document administratif conférant à toute personne le droit de conduire une unité fluviale. Cet arrêté fixe les conditions de son obtention et le catégorise ;

- **arrêté** n°3365 du 15 Juillet 2002 fixant les conditions d'accostage des unités fluviales sur les ouvrages portuaires. Afin de sécuriser les personnes et les biens embarqués, les dispositions de ce texte permettent de règlementer les accostages pendant la navigation ;

- **arrêté** n°16992/MTACMM-CAB du 23 Septembre 2019 portant attributions et organisation des services et bureaux de la direction générale de la navigation fluviale. Cet arrêté est l'un des textes d'application du décret n° 2012-386 du 19 Avril 2012 portant attributions et organisation de la direction générale de la navigation fluviale. Il porte attributions et organisation des services de la direction générale de la navigation fluviale dont la direction de l'inspection fluviale ;

- **arrêté** n°25950/MEFVN/MIDDL du 15 Décembre 2022 portant interdiction aux propriétaires des parcelles riveraines situées dans le périmètre du port autonome de Brazzaville d'exercer les activités portuaires. Ce texte signé conjointement par le ministre de l'intérieur, de la décentralisation et du développement local et celui de l'économie fluviale et des voies navigables, met fin aux activités portuaires illicites, réalisées par les propriétaires des parcelles riveraines situées dans le périmètre du port autonome de Brazzaville, provoquant des incidents de toute sorte.

A_3- Des textes règlementaires : notes circulaires

Outre ces lois, accord tripartite, décrets et arrêtés, des notes circulaires relatives au renforcement de la réglementation en matière de sécurité et sûreté fluviales ont été prises par les différentes structures concernées par la question. Il s'agit, entre autres, des notes circulaires ci-après :

❖ **Pour la direction générale de la navigation fluviale (DIGENAF)**

- **note circulaire** n°412/MTCAMM/DIGENAF/02 du 23 Mars 2006 faisant obligation à tout armateur assurant le transport des produits inflammables d'équiper leurs unités flottantes des éléments de lutte contre l'incendie. Les armes de lutte contre l'incendie citées sont les extincteurs, les motos pompes et des bacs à sable ;

- **note circulaire** n°530/MTCAMM/DIGENAF/01 du 4 Avril 2009 instituant le contrôle technique des bâtiments avant chaque départ. Cette note exige aux armateurs de soumettre leurs unités fluviales aux contrôles techniques effectués par la Société Africaine d'Études et de Contrôle (SAFEC), société agréée ;

• **note circulaire** n°0565/MTCAMM/DIGENAF/02 du 19 Juin 2009 à l'attention des unités fluviales ayant pour port d'attache Yoro. Elle précise que l'appareillage d'une baleinière au port de Yoro est subordonné à la présentation des documents de bord de l'unité et du personnel navigant ;

- **note circulaire** n°2203/MTAC-DIGENAF du 4 Juin 2008 fixant les conditions d'obtention du certificat de capacité et règlementant le personnel navigant. Cet arrêté institue le certificat de capacité qui est un document administratif conférant à toute personne, le droit de conduire un bâtiment fluvial et dont l'obtention obéit à certaines conditions et dispositions particulières ;

- **note circulaire** n°565/MTAC-DIGENAF du 19 Juin 2009 à l'endroit des armateurs relative aux contrôles des documents de bord des unités fluviales et du personnel navigant. Il renforce l'autorité de l'inspection à travers les différents contrôles. Ce texte demande aux armateurs de se mettre en règle vis-à-vis du titre III du code de la navigation CEMAC/RDC ;

- **note circulaire** n°0564/MTCAMM/DIGENAF/02 du 19 Juin 2009 à l'attention des canotiers de Yoro. Elle fait obligation à tout pilote d'être titulaire d'un certificat de capacité de la catégorie D ;

- **note circulaire** n°394/MTCAMM/DIGENAF/02 du 3 Mars 2009 à l'attention du personnel navigant. Cette note oblige au personnel navigant de passer les examens relatifs à l'établissement d'un certificat médical par le centre médical agréé ;

- **note circulaire** n°496/MTCAMM/DIGENAF/02 du 20 Avril 2009 à l'attention des propriétaires des canots rapides, les exigeant à équiper leurs unités fluviales de gilets de sauvetage en nombre suffisant ;

- **note circulaire** n°860/MTCAMM/DIGENAF du 23 Janvier 2015 règlementant le contrat d'engagement fluvial. Ce texte règlemente l'utilisation du personnel navigant par les armateurs à travers le contrat d'engagement fluvial ;

- **note circulaire** n°075/MTACMM/DIGENAF/02 du 6 Mars 2015 instituant l'autorisation de transport des produits dangereux. Cette circulaire sécurise les bâtiments de navigation contre les incendies en veillant à travers la délivrance de l'autorisation spéciale de transport des produits dangereux en harmonie avec l'annexe 6 du code de la navigation CEMAC/RDC ;

- **note circulaire** n°404/MTCAMM/DIGENAF/02 du 12 Octobre 2016 portant réglementation des horaires de navigation des baleinières et pirogues motorisées. Cette circulaire a été prise afin d'empêcher la navigation nocturne avec ses conséquences ;

- **note circulaire** n°165/MTCAMM/DIGENAF/02 du 5 Juillet 2016 à l'attention des armateurs fluviaux. Elle concerne l'établissement d'un certificat de visite de partance pour toute unité à destination de Kinshasa (RDC) ;

- **note circulaire** n°323/MTCAMM/DIGENAF/02 du 21 Décembre 2017 à l'attention des canots rapides exploitant le Pool Malebo. Cette note sécurise les passagers embarquant dans ces unités en interdisant aux membres d'équipages d'embarquer avec ceux-ci, les marchandises ;

- **note circulaire** n°319/MTACMM/DIGENAF du 21 Septembre 2022 règlementant le trafic au Beach de

Brazzaville. Cette note circulaire à l'attention des usagers du Pool Malebo oriente le trafic par rapport à l'étiage.

- **Pour le port autonome de Brazzaville et ports secondaires (PABPS)**

  - **note circulaire** n°004/MTACMM/PABPS du 7 Mai 2022 interdisant aux capitaines d'amarrer sur les défenses de quai. Ce texte vise la protection des infrastructures portuaires, notamment les quais ;

  - **note circulaire** n°006/MTACMM/PABPS du 18 Mai 2022 relative à l'interdiction de transporter les marchandises dangereuses dans les emballages non appropriés. Comme la circulaire précédente, elle renforce la sécurité fluviale dans le transport de la matière dangereuse ;

  - **note circulaire** n°005/MTACMM/PABPS du 18 Mai 2022 instituant les heures d'accostage dans les ports fluviaux. Cette circulaire sécurise les usagers des voies d'eaux intérieures en évitant les accostages nocturnes.

A_4- Pallier les insuffisances du code CEMAC/RDC

Pour pallier les insuffisances du code CEMAC/RDC en matière de sûreté fluviale, la République du Congo s'est dotée respectivement de la loi n°5-2019 du 8 Février 2019 relative aux modalités de recours à la coercition et à l'emploi de la force en mer et dans les eaux continentales et du décret n°2019-125 du 3 Mai 2019 portant organisation et coordination de l'action de l'État en mer et dans les eaux continentales.

La loi en son article premier, investit les commandants des forces navales et les commandants de bord des aéronefs de l'État, le pouvoir de recourir à la force et d'exercer les mesures de contrôle et de coercition sur les navires et embarcations battant pavillon congolais ou étranger dans les espaces maritimes et eaux continentales relevant de la souveraineté ou de la juridiction congolaise ainsi qu'en haute mer, conformément au droit international de la mer.

En son article 9, elle énumère les mesures de coercition. L'article 11 de ladite loi énonce les pénalités et amandes liées au refus d'obtempérer aux injonctions en cas de violation des articles 2, 4 et 6 de la présente loi.

L'article 2 du décret n°2019-125 du 3 Mai 2019, circonscrit l'ensemble des missions exercées en mer et dans les eaux continentales par les administrations de l'État, chacune dans son domaine de responsabilité, notamment :

- la surveillance et la sûreté maritimes, fluviales et lacustres ;

- la sécurité, les contrôles, la lutte contre les trafics illicites ainsi que le maintien et le rétablissement de l'ordre public sur ces espaces ;

- la lutte contre la pêche illicite ;

- la surveillance et le contrôle de l'exploitation des ressources halieutiques.

Les articles 5 à 9 de ce décret sont consacrés au comité interministériel de l'action de l'État en mer et dans les eaux continentales et les articles 10, 11 et 12 concernent le centre des opérations maritimes ou des eaux continentales.

B- Les difficultés de mise en œuvre des règles de sécurité fluviale prévues dans le code de la navigation intérieure CEMAC/RDC au Congo

Malgré de nombreux efforts de la CICOS à travers l'organisation des ateliers nationaux dans chaque État membre et des ateliers régionaux, la mise en œuvre des règles relatives à la sécurité fluviale dans le secteur du transport fluvial en République du Congo connait beaucoup de difficultés. Parmi ces difficultés, on peut citer, entre autres :

- le manque de textes législatifs et règlementaires relatifs à la sûreté fluviale dû à l'inexistence des règles de sûreté fluviale dans le code de la navigation intérieure CEMAC/RDC ;
- le financement insuffisant du sous-secteur du transport fluvial ;
- l'insuffisance des moyens alloués à l'action de l'État dans les eaux continentales ;
- l'insuffisance de la vulgarisation de la réglementation régionale et nationale ;
- l'existence de plusieurs embarcations de fortune (pirogues, baleinières en bois) ;
- l'inexistence des sociétés de classification capables d'assurer le contrôle des unités flottantes ;
- l'inexistence d'un chantier naval ;

- l'inexistence d'une société de transport fluvial de référence due au manque d'unités fluviales opérationnelles ;

- l'offre de transport très insuffisante ;

- le manque de formation et de cadres qualifiés à certains postes de responsabilité (inspecteurs fluviaux, navigants etc.…) ;

- le non-respect des normes de construction des bâtiments et des équipements de maintenance des unités fluviales ;

- le faible niveau d'entretien des voies navigables (balisage, dragage, désengage, dérochement …) ;

- le manque des infrastructures et d'équipements dans la plupart des ports secondaires ;

- l'inexistence de la loi relative à la répression des infractions commises dans les eaux continentales ;

- la méconnaissance de la réglementation nationale et régionale due à la faible vulgarisation y relative ;

- l'inexistence des moyens de lutte contre l'insécurité due à la progression de la criminalité à travers les voies d'eaux ;

- l'incapacité des États du bassin du Congo en général et du Congo en particulier, de veiller sur le bassin, face à la porosité des frontières.

CONCLUSION

La protection des biens et des personnes utilisant les voies de navigation intérieure est un aspect important de la politique du Gouvernement congolais à travers le ministère en charge de l'économie fluviale et des voies navigables.

Au regard de l'insécurité qui sévit dans la sous-région à cause des actes de brigandage, il est impérieux qu'il soit institué, dans le cadre de la CICOS, des règles de sécurité et sûreté fluviales ainsi que les moyens nécessaires pour assurer la protection des personnes et des biens.

L'amélioration des performances des structures impliquées étant aussi un gage important dans le renforcement de la sécurité et la sûreté dans le secteur du transport fluvial, les mesures suivantes devraient être envisagées pour instaurer la sécurité et la sûreté fluviales véritables en République du Congo et dans l'espace CICOS.

Il s'agit entre autres de :

- proposer la révision du code de la navigation intérieure CEMAC/RDC en vue de pallier aux insuffisances et de combler les lacunes liées aux règles de sûreté fluviale ;

- adapter les règles de sécurité et de sûreté fluviales aux normes de sécurité et sûreté maritimes afin de résorber à moyen et à long terme, les faiblesses en matière de sécurité et de sûreté fluviales ;

- doter le ministère de l'économie fluviale et des voies navigables des moyens conséquents (personnel qualifié, budget adéquat, matériel approprié et suffisant) afin qu'il soit à la hauteur de ses missions ;

- doter le secrétariat permanent de l'action de l'État en mer et dans les eaux continentales d'un budget conséquent, ainsi que d'un financement adéquat, afin de lui permettre d'assurer au mieux les missions qui lui sont dévolues, notamment : la sécurité de la navigation, la sûreté maritime, fluviale etc…

- l'assistance aux navires, bateaux, embarcations et aéronefs en détresse etc…) ;

- accélérer le processus de publication du décret fixant les modalités de financement et de contribution à l'action de l'État en mer et dans les eaux continentales, conformément aux dispositions de l'article 13 du décret n°2019-125 du 3 Mai 2019 portant organisation et coordination de l'action de l'État en mer et dans les eaux continentales ;

- renforcer l'arsenal législatif et règlementaire existant ;

- vulgariser les textes en vigueur ;

- former les acteurs publics et privés intervenant dans leurs domaines de l'action de l'État en mer et dans les eaux continentales ;

- veiller à l'application stricte de la réglementation en matière de navigation fluviale ;

- améliorer les conditions de navigabilité sur le fleuve Congo et ses affluents ;

- construire un chantier naval en vue de la fabrication, de la maintenance et de la réparation des unités fluviales (bateaux, barges, canots rapides etc.) ;

- construire les infrastructures portuaires et doter les ports des équipements modernes ;

- promouvoir le partenariat public-privé dans le domaine portuaire, avec les partenaires techniques et financiers ;

- projeter l'institutionnalisation d'un colloque scientifique national ou international consacré spécialement sur les eaux continentales afin booster le secteur du transport fluvial ;

Enfin, pour mieux assurer la sécurité et la sûreté de la navigation fluviale, il serait aussi important d'établir une coopération policière et fluviale sous-régionale et une coopération judiciaire.

La première coopération permettrait aux autorités nationales de mener des poursuites transnationales lorsque les auteurs de malveillances trouvent refuge sur le territoire de l'un des États membres, en vue d'échapper à l'exécution des peines.

Quant à la deuxième, son importance s'avère nécessaire du fait qu'elle pourrait se saisir d'une affaire liée à la commission des infractions contre la navigation par le mécanisme de la coopération judiciaire. Lorsque les fugitifs se réfugient dans un autre État membre, l'affaire peut être transférée aux autorités dudit État et de juger les auteurs des infractions.

Je vous remercie.

LE RÔLE DE LA MARINE NATIONALE DANS LA SÉCURISATION DES ESPACES MARITIMES ET DES EAUX CONTINENTALES

par Joël Lionel GACKOSSO,
Capitaine de frégate, chef de division affaires maritimes et fluviales, état-major de la marine nationale

INTRODUCTION

La marine nationale est une composante des forces armées congolaises, qui, en parallèle de son agenda régalien, est engagée dans une démarche qui consiste à travailler aux côtés des autres administrations de l'État ayant des intérêts aussi bien en mer que dans les eaux continentales. Cette fusion des compétences et des moyens obéit à l'esprit du décret n° 2019-125 du 03 Mai 2019[1] qui met en place l'organisation et la coordination des politiques visant au renforcement et au maintien de la sûreté et de la sécurité des espaces maritimes, et fluviaux et lacustres, dans un esprit de mutualisation de moyens et des capacités, autour du concept de l'action de l'état en mer et dans les eaux continentales (AEMEC).

Socle de la montée en puissance de l'AEMEC dans notre pays et bras armé du Gouvernement en mer et dans les eaux continentales, la marine nationale intervient dans un cadre de

[1] Décret n°2019-125 du 3 Mai 2019 portant organisation et coordination de l'action de l'Etat en mer et dans les eaux continentales en République du Congo.

mutualisation des moyens et des capacités pour pérenniser la sécurité et la sûreté des espaces maritimes, fluviaux et lacustres sous juridiction congolaise, tout en prenant appui sur le processus de Yaoundé.

A- Présentation de la marine nationale

Constituée d'un état-major, de quatre grandes formations ou groupements navals et de deux unités dont une autonome implantées sur les franges fluviale et maritime, la marine nationale est une composante à part entière des forces armées congolaises dont les missions se résument ainsi qu'il suit, conformément au décret n°2002-4 du 03 Janvier 2002[2] :

- la défense et la protection de l'intégralité territoriale dans les limites des théâtres d'opération ;

- la surveillance et le contrôle des espaces maritimes et des eaux continentales ;

- la défense des intérêts nationaux ;

- la participation aux missions de service public.

En mer comme dans les eaux continentales, la marine nationale dispose d'équipages suffisamment entrainés et repartis selon le type de vecteurs nautiques appropriés pour les interventions et autres patrouilles, conformément au règlement qui décrypte ses missions.

Mais, au-delà de cette présentation, il convient de noter que l'expansion des actes délictueux dans le Golfe de Guinée dont fait partie la République du Congo, a poussé les États

---

[2] Décret n° 2002-4 du 03 Janvier 2002.

appartenant à cet espace maritime de répliquer par la mise en place des stratégies et des cadres de coordination visant à renforcer la sécurité et la sûreté maritimes.

Dans cette optique, le Congo a trouvé fondamentale de rattacher à cette réflexion l'impérieuse nécessité de transvaser ces efforts de solutions aux problématiques d'insécurité répertoriées dans ses eaux continentales.

C'est dans ce cadre que furent adoptés au cours du premier semestre de l'an deux mil dix-neuf, deux textes de haute portée définissant le cadre juridique d'intervention dans les espaces maritimes et fluviaux sous souveraineté nationale, notamment la **loi n° 5-2019** du **08 Février 2019** relative aux modalités de recours à la coercition et à l'emploi de la force en mer et dans les eaux continentales[3] et le **décret n°2019-125** du **03 Mai 2019** portant organisation et coordination de l'action de l'État en mer et dans les eaux continentales.

Au regard de ce qui précède, l'on est tenté se questionner sur l'apport de la marine nationale dans la mise en œuvre des initiatives relatives à la sécurisation du littoral et des eaux continentales.

B- La marine nationale dans la sécurisation des franges maritime et fluviale

Pour la sécurisation des intérêts vitaux de l'État sur l'ensemble des espaces aquatiques, la marine nationale est l'instrument *ès qualité* du Gouvernement dans la concrétisation de cette politique. En effet, les dispositions du Code CEMAC de la marine marchande (Titre III portant régime pénal de la

---

[3] Ce texte est destiné aux commandants des unités navigantes de la marine nationale, et aux commandants des aéronefs de l'armée de l'air

marine marchande) et l'organisation de l'action de l'État en mer et dans les eaux continentales (AEMEC), permettent de définir le rôle de la marine nationale sur deux niveaux.

Pour le premier niveau, il s'agit principalement des missions régaliennes de première ligne. Celles-ci consistent essentiellement en :

- la défense territoriale de la mer et des eaux continentales ;

- la surveillance et le contrôle des espaces maritimes et des eaux continentales sous juridiction nationale ;

- la défense des intérêts nationaux ;

- la participation aux missions de service public à caractère opérationnel (Chap. I, Art. 755, du code CEMAC de la marine marchande) :

    - Lutte contre la criminalité en mer,

    - Lutte contre les actes et trafics illicites,

    - Présence en mer - mission de police en mer.

Tandis que pour le deuxième niveau, il est question des missions de service public d'appui et de soutien (Art. 772-781, code CEMAC de la marine marchande). Cela nous ramène à penser qu'au-delà de ses missions propres, il est également assigné à la marine nationale des missions de service public, de coordination, d'appui et de soutien dans le cadre de l'action de l'État en mer et dans les eaux continentales et en matière de sécurité maritime collective. La marine nationale appuie dans une démarche inclusive mais non intrusive les autres administrations de l'État dans l'accomplissement de leurs missions, telles que la police de la navigation, la surveillance des pêches, la sécurisation des plateformes offshore, la recherche et le sauvetage maritime, et la protection de l'environnement marin.

B.1. Contribution de la marine nationale dans la sécurisation des espaces maritimes et fluviaux

Selon l'esprit du Code CEMAC de la marine marchande et des Conventions maritimes internationales, la sécurité maritime et fluviale ne peut être gérée de façon exclusive, car la gestion même d'un événement de mer, nécessite l'intervention d'un ensemble d'acteurs pour plus d'efficacité.

Dans cet esprit de coordination, la contribution de la marine nationale peut être traduite de la manière suivante :

B.1.1. Le volet coopération - coordination

Il est illustré par l'implication de la marine nationale dans un process validé par les points ci-après :

- la participation aux réflexions menées au sein du groupe de travail interministériel de finalisation du cadre institutionnel de l'AEMEC - devenu groupe technique de travail des experts auprès du Secrétariat Permanent du comité interministériel de l'AEMEC,

- l'organisation d'ateliers opérationnels AEMEC en marge des exercices maritimes OBANGAME EXPRESS - GRAND AFRICA NEMO, pour un dialogue permanent sur les questions de sécurité et de sûreté maritimes (standard de la procédure opérationnelle « SOP » - gestion de crise - intervention coordonnée) ;

- la mission KITINA

- l'accord technique entre les ministères en charge de la défense nationale et de la pêche sur le contrôle et la surveillance des pêches ;

- le projet de coordination des centres opérationnels pour le partage de l'information via le réseau national YARIS ;

- la participation du COM à l'Architecture régionale de sécurité maritime et au réseau d'échange d'information.

B.1.2. Le volet formation

Outre la conduite des missions de services publics relevant du cadre de l'AEMEC, la marine nationale bénéficie aujourd'hui des formations diversifiées en matière de sécurité et de sûreté maritimes exprimées dans différentes spécialités notamment le SAR et l'anglais maritime.

L'implémentation efficiente de toutes les missions qui ont été déclinées obéit à un carnet de route ou plan d'action dûment défini qui prend en compte tous les aspects (opérationnels et non opérationnels) des actions que la marine nationale devra entreprendre. Il s'agit de s'approprier les principes du plan d'action de la marine nationale qui se résument essentiellement de la manière suivante :

- **De la protection des intérêts vitaux de la République du Congo en mer et dans les eaux continentales :**

  A ce stade, il est question de garantir une permanence en mer afin d'exercer une pleine souveraineté dans les espaces sous juridiction nationale. Et par là, faire respecter l'ordre et le droit conformément au droit maritime international. Enfin, conformément aux textes en vigueur, faire la coordination opérationnelle de l'AEMEC.

- **De la participation à la mise en œuvre du Code de conduite de Yaoundé :**

Les entrainements, les opérations conjointes, et le partage d'informations pour une coopération opérationnelle sont des points essentiels à même de contribuer à une meilleure implémentation du Code de conduite de Yaoundé.

C- Le cadre juridique des actions menées par la marine nationale

Ce cadre s'appuie essentiellement sur un certain nombre d'instruments nationaux et internationaux à l'image de la Convention des nations-unies sur le droit de la mer qui établit les principes fondamentaux du droit international régissant les activités en mer et aussi aux directives émanant de certaines structures ou organisations maritimes auxquelles la République du Congo est affiliée. Aussi, parmi ces instruments et organisations, l'on peut énumérer ce qui suit :

- la Convention des Nations-Unies sur le droit de la mer de 1982 ;

- l'organisation maritime pour l'Afrique de l'ouest et du centre ;

- l'Architecture de Yaoundé ;

- le Protocole de Kinshasa révisé ;

- la loi n°05-2019 du 08 Février 2019 relative aux modalités de recours à la coercition et à l'emploi de la force en mer et dans les eaux continentales en République du Congo ;

- le décret n° 2019-125 du 03 Mai 2019 portant organisation et coordination de l'action de l'État en mer et dans les eaux continentales en République du Congo.

CONCLUSION

Fort de ce qui précède, l'on retient que la marine nationale contribue à la sécurisation des intérêts économiques nationaux par les actions opérationnelles de l'action de l'État en mer et dans les eaux continentales, en travaillant étroitement avec les autres administrations de l'État. Elle prend également appui sur le Processus de Yaoundé afin de renforcer les partenariats régionaux, bilatéraux et internationaux dans le cadre de la lutte contre les trafics illicites, la piraterie et le terrorisme sur les espaces liquides. Ces efforts sont également étendus aux eaux continentales « partagées ».

SOUS-THÈME 3 :
LA PLACE DU POUVOIR JUDICIAIRE DANS L'ACTION DE L'ÉTAT EN MER ET DANS LES EAUX CONTINENTALES

LA PLACE DU POUVOIR JUDICIAIRE DANS L'ACTION DE L'ÉTAT EN MER ET DANS LES EAUX CONTINENTALES

par Yannick Olsen ONDAYE,
Substitut du Procureur de la République près le Tribunal de Grande Instance de Pointe-Noire, Représentant du Ministère Public près le Tribunal d'Instance de Tchiamba-Nzassi

INTRODUCTION

Le Golfe de Guinée fait face aux défis sécuritaires et de sûreté maritime qui appellent à la vigilance et à la collaboration des États, tant au niveau régional que continental. Dans cette optique, la Communauté des États de l'Afrique Centrale (CEEAC) avait adopté le 09 Octobre 2009 à Kinshasa (République démocratique du Congo), un protocole dit de Kinshasa à l'effet d'inciter les États membres à l'organisation de l'Action de l'État en mer et dans les eaux continentales (AEMEC). Ce protocole est lui-même inspiré de la convention des Nations Unies sur le droit de la mer de 1982 (Montego-Bay).

La République du Congo, qui a signé et ratifié ces instruments juridiques internationaux, a formalisé l'action de l'État en mer et dans les eaux continentales en 2019, notamment avec la promulgation de la loi n° 5-2019 du 08 Février 2019 relative aux modalités de recours à la coercition et à l'emploi de la force en mer et dans les eaux continentales, donnant ainsi l'habilitation aux commandants et officiers en second des bâtiments de l'État ainsi que les commandants de bord des aéronefs de l'État à constater toute infraction commise sur les navires, bateaux et embarcations battant pavillon congolais ou étrangers dans les espaces maritimes et eaux intérieures relevant de la souveraineté ou de la juridiction de l'État congolais[1]. Cette loi a été complétée par le décret n° 2019-125 du 03 Mai 2019 portant organisation et coordination de l'action de l'État en mer et dans les eaux continentales, lequel a posé le cadre institutionnel de cette action au travers de l'instauration d'un comité interministériel sous l'autorité du Premier Ministre, Chef du Gouvernement.

L'article 6 de ce décret énumère les ministères composant ce comité au nombre desquels celui en charge de la Justice. C'est dans ce contexte juridique que se pose avec acuité la problématique de la place du pouvoir judiciaire dans l'action de l'État en mer et dans les eaux continentales. D'emblée, Il convient de rappeler que le pouvoir judiciaire a une fonction séculaire qui est celle de dire le droit[2]. De ce fait, il constitue le dernier rempart de la chaîne de répression des infractions commises en mer (II). Cependant, en situation opérationnelle, le Procureur de la République territorialement compétent prend une part active dans le cadre de la cellule de crise préfectorale (I).

I- LE RÔLE DU PROCUREUR DE LA RÉPUBLIQUE DANS LA CELLULE DE CRISE PREFECTORALE

Le but de l'action de l'État en mer et dans les eaux continentales consiste en la mutualisation des efforts ainsi que le partage d'informations et d'expériences de toutes les

---

[1] Article 5 de la loi n° 5-2019 du 08 Février 2019 relative aux modalités de recours à la coercition et à l'emploi de la force en mer et dans les eaux continentales.

[2] Article 168 alinéa 2 de la Constitution : « Le pouvoir judiciaire statue sur les litiges nés entre les citoyens ou entre les citoyens et l'Etat ».

administrations concernées pour plus d'efficacité pour faire face aux défis de sécurité et sûreté maritimes. Le décret n° 2019-125 a érigé l'autorité préfectorale comme représentant de l'action de l'État en mer et dans les eaux continentales[3] au niveau local. À ce titre, il anime et coordonne action des administrations déconcentrées sans faire obstacle à l'exercice par les autorités ***administratives, judiciaires et militaires*** des attributions qui leur sont reconnues par la loi.

C'est dans ce cadre que le Procureur de la République est sollicité. Il est important de souligner qu'en contribuant à cet édifice, le Procureur de la République ne représente pas la Justice en tant que pouvoir dans une structure relevant de l'exécutif, car le pouvoir judiciaire est indépendant[4]. Sa présence se justifie par sa qualité de garant du respect de la souveraineté et la défense des intérêts de l'État congolais, puisqu'il veille au maintien de l'ordre public et à l'application scrupuleuse des textes nationaux et internationaux.

En effet, les administrations opérant en mer dans le cadre de l'AEMEC sont amenées à poser des actes de police judiciaire. De ce fait, le Procureur de la République apporte son expertise juridique en donnant des orientations sur la recherche, la récolte et la préservation des preuves en cas d'infractions. Il donne aussi son avis sur les actes opérationnels à pourvoir en veillant à ce qu'ils restent dans le cadre des prescrits des lois nationales et en conformité avec les conventions internationales que notre État a signées et ratifiées. Cela est utile pour éviter les cas de nullité de (la) procédure devant les juridictions de jugement, au bénéfice des contrevenants en mer.

---

[3] Article 9 dudit décret.

[4] Article 168 alinéa 1 de la constitution du 15 Octobre 2015 : « Le pouvoir judiciaire est indépendant du pouvoir exécutif et du pouvoir législatif ».

II- LES LIMITES DU PROCUREUR DE LA RÉPUBLIQUE DANS LE CADRE DE L'ACTION DE L'ÉTAT EN MER ET DANS LES EAUX CONTINENTALES

En dehors du domaine maritime, toute autorité constituée, tout officier public ou fonctionnaire qui, dans l'exercice de ses fonctions, acquiert la connaissance d'un crime ou d'un délit, est tenu d'en donner avis sans délai au Procureur de la République et de transmettre à ce magistrat tous les renseignements, procès-verbaux et actes qui y sont relatifs[5]. Les infractions commises en mer sont poursuivies selon la procédure prévue par le code communautaire de la marine marchande (code CEMAC). En effet, les procès-verbaux des infractions commises en mer sont adressés à la marine marchande qui est l'autorité maritime compétente selon le code précité[6]. Dans ce cas, le Procureur de la République ne peut engager des poursuites qu'après « avis conforme » de cette autorité maritime[7].

Cela s'explique sur la nature contraventionnelle et délictuelle de la plupart des infractions commises en mer qui sont souvent assorties des peines principales pécuniaires. Ce qui donne la priorité à la transaction à l'issue de laquelle le paiement de l'amende éteint l'action publique. L'article 79 de la loi 2-2000 du 1er Février 2000 portant organisation de la pêche en République du Congo illustre bien cela en ce qu'il prévoit que le Ministère Public ne puisse ***« engager les poursuites que sur plainte préalable de l'autorité de la***

[5] Article 28 du Code de Procédure Pénale.
[6] Article 2 (11) du code communautaire de la marine marchande : « autorité maritime compétente » : le Ministre chargé de la marine marchande et les fonctionnaires d'autorité auxquels il a délégué tout ou partie de ses pouvoirs.
[7] Article 573 du Code Communautaire de la Marine Marchande.

pêche maritime ». C'est la raison pour laquelle il existe très peu de condamnations judiciaires en matière maritime en République du Congo.

III- LE RÔLE DE LA FORMATION DE JUGEMENT

Nous avons déjà dit que la Justice est investie d'une mission régalienne qui est celle de dire le droit. Pour y parvenir elle n'a pour seul instrument que la loi. Raison pour laquelle les États doivent se doter d'instruments juridiques adéquats pour juguler les menaces venues de la mer et des eaux continentales. Sans ces instruments, la Justice ne pourra pas sanctionner la criminalité en mer. Il est de principe en droit pénal que nulle contravention, nul crime, nul délit, ne peuvent être punis de peines qui n'étaient pas prononcées par la loi avant qu'ils fussent commis[8].

Ce principe cardinal doit éveiller l'attention des autorités congolaises puisqu'il existe encore un vide juridique pour certaines infractions déplorées dans le Golfe de Guinée. C'est le cas de la piraterie, le vol à main armée et le brigandage qui ont été définis par les conventions maritimes signées et ratifiées par la République du Congo, notamment celle de Montego-Bay en 1982 et le code communautaire de la marine marchande de Mai 2001.

Dans le contexte de l'**AEMEC**, il s'agit des juridictions pénales. Selon les cas, il peut s'agir du Tribunal correctionnel ou la cour criminelle après sa saisine par le Ministère Public. Elles rendent souverainement leurs décisions et au nom du peuple congolais. Cela dit, elles ne sont pas tenues par les poursuites du Ministère Public, puisqu'elles peuvent soit condamner ou relaxer les personnes poursuivies. Elles

[8] Article 4 du Code Pénal.

peuvent même annuler certaines procédures lorsque la loi prévoit cette sanction en cas de non-respect d'une formalité d'ordre public.

CONCLUSION

Pour plus d'efficacité, le législateur devra prendre la mesure des enjeux en cause en procédant à la création d'un Tribunal maritime. Cela aura l'avantage de la formation des magistrats spécialisés en la matière pour un meilleur traitement de ce type d'affaires.

LA LUTTE CONTRE LA CRIMINALITE ET LES ACTES ILLICITES EN MER

par Kefrene Egron GOMA,
Docteur en droit public, Enseignant-chercheur à l'université Marien NGOUABI de Brazzaville

INTRODUCTION

Depuis plus de deux (02) décennies, les espaces maritimes du Golfe de Guinée sont en proie à une escalade de la criminalité et des actes illicites. Cette zone qui s'étend du Sénégal à l'Angola, sur une distance de 6000 kilomètres, regorge des ressources biologiques et pétrolières immenses et constitue, de par ses ports en eau profonde, un atout important en matière de (la) navigation et de transports des marchandises. La lutte contre les actes illicites est un impératif pour les États de la région dont les économies sont essentiellement tributaires de l'exportation des matières premières extraites en mer. La République du Congo, située dans le Golfe de Guinée, soucieux d'assurer la protection effective de ses intérêts économiques en mer, devrait mener une lutte acharnée contre d'innombrables infractions susceptibles d'être perpétrées dans les espaces maritimes relevant de sa souveraineté et de sa juridiction, conformément au droit international, et au droit communautaire. Les actes perpétrés peuvent, selon la zone de leur commission, avoir la qualification de piraterie maritime ou correspondent plutôt à la terminologie « vols à main armée », développée par l'Organisation Maritime Internationale (OMI) lors de la vingt-sixième (26ème) session de son assemblée générale du 18 Janvier 2010 et adoptée dans le Code of Practice for the investigations of Crimes of Piracy and Armed Robbery against ships et qui précise leur nature. La doctrine s'est intéressée aux zones originelles[9] de ce fléau et l'a qualifié[10]. Elle estime qu'elle met à mal[11] les moyens régionaux de protection construits depuis 2009 sous les auspices de la Communauté Économique des États de l'Afrique Centrale (CEEAC) au travers de sa stratégie de sécurisation maritime[12], ceux des nationaux construits en Afrique de l'Ouest dans le cadre de l'opération prospérité en 2011 par le Nigéria et le Bénin[13]. Aussi, les actes de piraterie avaient conduit le Conseil

---

[9] DU CASTEL (V), « Piraterie maritime : Golfe de Guinée et océan Indien », Revue Défense nationale, n° 781, 2015, p. 107 : « La première irruption d'activités de piraterie en Afrique est survenue dans et autour des grands ports d'Afrique de l'Ouest (en particulier ceux du Nigeria) au milieu des années 1970 ».

[10] DU CASTEL (V), « Piraterie maritime : Golfe de Guinée et océan Indien », Revue Défense nationale, n° 781, 2015, p. 107.

[11] DU CASTEL (V), « Piraterie maritime : Golfe de Guinée et océan Indien », Revue Défense nationale, n° 781, 2015, p. 107 : « facteur de tensions préoccupantes sur la scène internationale (…) ».

[12] MIENAHOU THERARD (D.-I.), Mise en placc d'un centre opérationnel de Marine (COM) du Congo dans le golfe de Guinée : cadre juridique et procédures opérationnelles, programme de bourses de Recherche Nations Unies, division des affaires maritimes et du Droit de la mer, 2010- 2011, pp. 32-33 : cette stratégie maritime « (…) mise en œuvre par le CRESMAC a pour mission d'assurer la maîtrise de l'espace maritime des Etats membres de la CEEAC du Golfe de Guinée ».

[13] YAPO (M.-M.), La lutte contre la criminalité maritime dans le golfe de Guinée : cas de la Côte d'Ivoire et du Nigéria, programme de bourses de recherches Nations Unies- Fondation du Japon, 2012- 2013, p. 25 : Elle est considérée comme la «première initiative de la région de l'Afrique de l'Ouest (…) à mener conjointement des patrouilles dans les eaux sous-juridiction de chacun des (…) Etats, à appréhender et à porter devant les juridictions compétentes les éventuels suspects d'actes illicites ».

de sécurité des Nations Unies à adopter respectivement en 2011 et 2012 les résolutions 2018[14] et 2039[15]. Celles- ci ont permis de construire sous l'angle institutionnel et opérationnel une architecture de paix et sécurité de l'espace maritime commun administrée aujourd'hui par le Centre interrégional de coordination (CIC) et de mutualiser les moyens lors du Sommet de Yaoundé de 2013 sur la sûreté et la sécurité maritimes[16].

Notre réflexion revêt une importance particulière. Sur le plan juridique, il nous permettra de mettre en exergue les instruments juridiques adoptés au niveau international, régional et communautaire dans le processus de lutte contre l'insécurité maritime dans le Golfe de Guinée. Sur le plan politique, elle nous permettra d'apprécier l'implication des communautés économiques régionales de cette zone maritime dans la coordination des stratégies de lutte et la mise en œuvre des recommandations internationales relatives à la protection des espaces maritimes.

---

[14] Présenté par l'Allemagne, la France, le Gabon, l'Inde, le Nigeria et le Royaume-Uni, et adopté à l'unanimité de ses quinze membres, ce texte engage « les Etats membres de la Communauté économique des Etats de l'Afrique de l'Ouest (CEDEAO), de la Communauté économique des Etats de l'Afrique centrale (CEEAC) et la Commission du golfe de Guinée à lutter contre ces actes de piraterie et ces vols à main armée, par une action concertée (…) ». http// : www.un.org/ Le Conseil de sécurité, par sa résolution 2018, établit un cadre de lutte contre les actes de piraterie commis au large des côtes du golfe de Guinée, consulté le 13/05/2021.

[15] Le Conseil de Sécurité (…) a exhorté les Etats de cette région à élaborer une stratégie régionale de lutte contre la piraterie et les a encouragés à créer un mécanisme multinational et transrégional couvrant toute la région du golfe.

[16] http// : www.crisisgroup.org/ golfe de Guinée : une solution régionale contre la piraterie ?, consulté le 18/05/2021

La présente communication mettra un accent particulier sur le dispositif du droit international et du droit communautaire de lutte contre la criminalité et les actes illicites en mer applicables au Congo (**I**) avant d'examiner les initiatives nationales congolaises de lutte contre la criminalité et les actes illicites en mer (**II**).

I- LE DISPOSITIF DU DROIT INTERNATIONAL ET DU DROIT COMMUNAUTAIRE DE LUTTE CONTRE LA CRIMINALITE ET LES ACTES ILLICITES EN MER

La Convention des Nations Unies sur le droit de la mer (CNUDM), ratifiée par la République du Congo, suivant le décret n° 2008-10 du 30 Janvier 2008, après autorisation du législateur par la loi n°4-2008 du 30 Janvier 2008, ainsi que le code de la marine marchande de la Communauté Économique et Monétaire de l'Afrique Centrale (AEMEC), incriminent plusieurs actes susceptibles d'être perpétrés en mer. Certains de ces actes sont liés à la haute mer et sur le plateau continental (**A**), d'autres par contre ne sont pas géographiquement situés (**B**).

A- L'incrimination des actes illicites commis en haute mer et sur le plateau continental

En matière d'incrimination des actes illicites en mer, la CNUDM et le code de la marine marchande de la CEMAC fixent expressément le lieu de commission de ces actes illicites. Ces actes sont :

- la piraterie maritime ;
- la diffusion d'émissions non autorisées ;
- les actes illicites contre la sécurité des plates-formes fixes et mobiles.

Alors que les actes de piraterie maritime[17] et la diffusion d'émissions non autorisées[18] sont perpétrés exclusivement en haute mer, les actes illicites contre la sécurité des plateformes fixes et mobiles, ciblés par l'article 589 du code de la marine marchande de la CEMAC, sont ceux commis sur le plateau continental[19].

---

[17] Aux termes de l'article 587 du code de la marine marchande de la CEMAC :
« *On entend par piraterie, l'un quelconque des actes suivants : a)- tout acte illicite de violence commis par l'équipage ou des passagers d'un navire privé, agissant à des fins privées et dirigé : 1- contre un autre navire ou contre des personnes ou des biens à leur bord, en haute mer, 2- contre un navire, des personnes ou des biens en un lieu ne relevant de la juridiction d'aucun Etat. b)- tout acte de participation volontaire à l'utilisation d'un navire pirate, en connaissance de cause ; c)- tout acte d'incitation à commettre les actes définis aux paragraphes a et b, ci-dessus, ou commis dans l'intention de les faciliter.*
Les dispositions du présent article s'appliquent à un bâtiment de guerre ou à un navire affecté à un service public dont l'équipage mutiné s'est rendu maître ».

[18] L'article 590 du code de la marine marchande de la CEMAC dispose ce qui suit : « *Constituent des infractions punissables selon la législation de chaque Etat membre, les émissions illégales de radio ou de télévision diffusées à l'intention du grand public depuis un navire ou une installation fixe ou mobile en haute mer, en violation des règlements internationaux relatifs aux répartitions des fréquences* ».

[19] L'article 589 du code de la marine marchande de la CEMAC « 1/- Commet une infraction pénale, toute personne qui, illicitement et intentionnellement : a) s'empare d'une plate-forme ou en exerce le contrôle par violence ou menace de violence ; b) accomplit un acte de violence à l'encontre d'une personne se trouvant à bord d'une plate-forme, si cet acte est de nature à compromettre la sécurité de la plate-forme ; c) détruit une plate-forme ou lui cause des dommages qui sont de nature à compromettre sa sécurité ; d) place ou fait placer sur une plate-forme, par quelque moyen que ce soit, un dispositif ou une substance de nature à détruire la plate-forme de nature à compromettre sa sécurité ; e) blesse ou tue toute personne, lorsque ces faits présentent un lien de connexité avec des infractions prévues aux alinéas a à d. 2/- Commet également une infraction pénale toute personne qui : f) tente

Notons qu'en ce qui concerne la piraterie maritime, il y a lieu de relever l'existence d'une nuance entre la définition de l'article 587 du code de la marine marchande de la CEMAC et celle contenue dans l'article 101 de la CNUDM[20]. Il faut noter que le code de la marine marchande n'a pas retenu les actes de détention et la déprédation dans la définition de la piraterie maritime telle que prévue par la CNUDM.

En matière de répression de ces actes illicites, il faut souligner que la piraterie maritime peut être poursuivie par tout État. À ce titre, l'article 100 de la CNUDM précise que « Tous les États coopèrent dans toute la mesure du possible à la répression de la piraterie en haute mer ou en tout autre lieu ne relevant de la juridiction d'aucun État ».

---

de commettre des infractions prévues au paragraphe 1 ci-dessus ; incite une autre personne à commettre l'une des infractions, si l'infraction est effectivement commise ou est de toute autre manière le complice de la personne qui commet une telle infraction ; h) menace de commettre l'une quelconque des infractions prévues aux alinéas b et c du paragraphe 1 ci-dessus, si cette menace est de nature à compromettre la sécurité de la plate-forme ; ladite menace étant ou non assortie, selon la législation nationale, d'une condition visant à contraindre une personne physique ou morale à accomplir ou à s'abstenir d'accomplir un acte quelconque.

[20] On entend par piraterie l'un quelconque des actes suivants :
a) tout acte illicite de violence ou de détention ou toute déprédation commis par l'équipage ou des passagers d'un navire ou d'un aéronef privé, agissant à des fins privées, et dirigé :
i) contre un autre navire ou aéronef, ou contre des personnes ou des biens à leur bord, en haute mer ;
ii) contre un navire ou aéronef, des personnes ou des biens, dans un lieu ne relevant de la juridiction d'aucun Etat ;
b) tout acte de participation volontaire à l'utilisation d'un navire ou d'un aéronef, lorsque son auteur a connaissance de faits dont il découle que ce navire ou aéronef est un navire ou aéronef pirate ;
c) tout acte ayant pour but d'inciter à commettre les actes définis aux lettres a) ou b), ou commis dans l'intention de les faciliter.

Par contre la diffusion d'émissions non autorisées et les actes illicites contre la sécurité des plates-formes fixes ou mobiles situées sur le plateau continental est réprimée en fonction du lien entre l'infraction et l'État poursuivant.

B- L'incrimination des actes illicites en mer sans détermination du lieu de commission

L'incrimination des actes illicites en mer sans détermination du lieu de commission est prévue aux articles 586 et 588 du code de la marine marchande de la CEMAC. Il s'agit du transport illicite d'enfants mineurs[21] et des actes illicites contre la sécurité de la navigation[22].

---

[21] Article 586 : Est considéré comme transport illicite d'enfants mineurs l'un ou l'autre des actes ci-après :
- le fait pour les parents, ou pour l'un d'entre eux, ou pour le tuteur ou toute autre personne exerçante ou non l'autorité parentale, de faire embarquer à bord d'un navire un enfant ou un adolescent de moins de 18 ans pour son propre compte ou pour être remis à un tiers, moyennant paiement ou non, en vue de l'exploitation de sa personne ou du travail dudit enfant ou adolescent ;
- l'embarquement en toute connaissance de cause par le transporteur ou le capitaine, d'enfants ou d'adolescents visés à l'alinéa ci-dessus ;
- toute participation volontaire au convoyage de tels enfants ou adolescents ;
- l'embarquement par le capitaine ou par tout membre d'équipage, même à l'insu du capitaine, d'enfants ou d'adolescents de moins de 18 ans aux fins de pédophilie ou de prostitution.

[22] Commet une infraction pénale, toute personne qui, illicitement et intentionnellement :
a) s'empare d'un navire ou exerce le contrôle par violence, ou menace de violence ; b) accomplit un acte de violence à l'encontre d'une personne se trouvant à bord d'un navire, si cet acte est de nature à compromettre la sécurité de la navigation du navire ; c) détruit un navire ou cause à un navire ou à sa cargaison des dommages qui sont de nature à compromettre la sécurité de la navigation du navire; d) place ou fait placer sur un navire, par quelque moyen que ce soit, un dispositif ou une substance propre à détruire le navire où à cause du navire, à sa

La poursuite par le Congo, des auteurs de transport illicite d'enfants mineurs se réalise en haute mer conformément aux dispositions de l'article 99 de la CNUDM[23], qui invitent les États à prendre les mesures nécessaires pour prévenir et réprimer le transport des esclaves par les navires autorisés à battre leur pavillon.

Pour ce qui est des actes illicites contre la sécurité de la navigation, la répression se fait conformément aux dispositions de l'article 6 de la convention pour la répression d'acte illicites contre la sécurité de la navigation, conclue à Rome le 10 Mars 1988[24].

---

cargaison de dommages qui compromettent ou sont de nature à compromettre la sécurité de la navigation d'un navire ; ; e) détruit ou endommage gravement des installations ou services de navigation maritime ou en perturbe gravement le fonctionnement, f) communique une information qu'elle sait être fausse et, de ce fait, compromet la sécurité de la navigation d'un navire ; g) blesse ou tue toute personne, lorsque ces faits présentent un lien de connexité avec l'une des infractions prévues aux alinéas a à f ci-dessus, que celle-ci ait été commise ou tentée.
2/- Commet également une infraction pénale toute personne qui :
incite une autre personne à commettre l'une des infractions prévues au paragraphe 1 ci-dessus, si l'infraction est effectivement commise, ou de toute manière le complice de la personne qui commet une telle infraction ; menace de commettre l'une quelconque des infractions prévues aux alinéas b, c et e du paragraphe 1 si cette menace est de nature à compromettre la sécurité dudit navire, ladite menace étant ou non assortie d'une condition visant à contraindre une personne physique ou morale, à accomplir ou à s'abstenir d'accomplir un acte quelconque

[23] Tout Etat prend des mesures efficaces pour prévenir et réprimer le transport d'esclaves par les navires autorisés à battre son pavillon et pour prévenir l'usurpation de son pavillon à cette fin. Tout esclave qui se réfugie sur un navire, quel que soit son pavillon, est libre ipso facto.

[24] Art. 6 1. Chaque Etat partie prend les mesures nécessaires pour établir sa compétence aux fins de connaître des infractions visées

II- LES INITIATIVES NATIONALES DE LUTTE CONTRE LA CRIMINALITE ET LES ACTES ILLICITES EN MER

Les initiatives nationales de lutte contre la criminalité et les actes illicites en mer en République du Congo, consistent à renforcer le dispositif normatif prévu par le droit international de la mer et par le droit communautaire de la CEMAC. Ces initiatives portent sur la mise en place des institutions d'une part (**A**) et sur l'adoption des lois de répression d'autre part (**B**).

A- Des initiatives nationales plus adaptées au plan institutionnel

Pour une application optimale des dispositions de la Convention des Nations Unies sur le droit de la mer et du code communautaire CEMAC de la marine marchande en matière de lutte contre la criminalité et les actes illicites dans

---

aux art. 3, 3bis, 3ter et 3quater quand l'infraction est commise : 18 a) à l'encontre ou à bord d'un navire battant, au moment de la perpétration de l'infraction, le pavillon de cet Etat ; ou b) sur le territoire de cet Etat, y compris sa mer territoriale ; ou c) par un ressortissant de cet Etat. 2. Un Etat Partie peut également établir sa compétence aux fins de connaître de l'une quelconque de ces infractions : a) lorsqu'elle est commise par une personne apatride qui a sa résidence habituelle dans cet Etat ; ou b) lorsque, au cours de sa perpétration, un ressortissant de cet Etat est retenu, menacé, blessé ou tué ; ou c) lorsqu'elle est commise dans le but de contraindre cet Etat à accomplir un acte quelconque ou à s'en abstenir. 3. Tout Etat Partie qui a établi sa compétence pour les cas visés au parc. 2 en informe le Secrétaire général. Si ledit Etat Partie annule ensuite cette compétence, il en informe le Secrétaire général.19 4. Chaque Etat Partie prend les mesures nécessaires pour établir sa compétence aux fins de connaître des infractions visées aux art. 3, 3bis, 3ter et 3quater dans les cas où l'auteur présumé de l'infraction se trouve sur son territoire et où il ne l'extrade pas vers l'un quelconque des Etats Parties qui ont établi leur compétence conformément aux par. 1 et 2 du présent article.20 5. La présente Convention n'écarte aucune compétence pénale exercée conformément à la législation nationale.

les espaces maritimes congolais, le décret n° 2019-125 du 3 Mai 2019 portant organisation et coordination de l'action de l'État en mer et dans les eaux continentales a été adopté. Aux termes de l'article 2 du décret, l'action de l'État en mer et dans les eaux continentales désigne l'ensemble des missions exercées en mer et dans les eaux continentales par les administrations de l'État, chacune dans son domaine de responsabilités. Il s'agit d'une véritable coordination des activités et d'une mutualisation des moyens de l'ensemble des administrations de l'État intervenant en mer et dans les eaux continentales. La coordination de l'action de l'État en mer est assurée au plan stratégique par le comité interministériel et, au niveau opérationnel par le centre des opérations maritimes ou des eaux continentales.

Sur le plan régional, le Congo a participé à la mise en place d'un système interrégional de lutte contre la criminalité et les actes illicites en mer. En effet, le 25 Juin 2013, réunis dans le cadre d'un sommet conjoint à Yaoundé, les Chefs d'État et de Gouvernement des États de l'Afrique centrale et de l'Afrique de l'Ouest ainsi que des représentants de la Communauté économique des États de l'Afrique de l'Ouest, (CEDEAO), de la Communauté économique des États de l'Afrique centrale (CEEAC) et de la Commission du Golfe de Guinée (CGG) s'engageaient à renforcer la coopération pour lutter contre les activités illicites commises en mer dans le Golfe de Guinée. Trois documents étaient adoptés à cette occasion : une déclaration signée par 24 chefs d'État africains, un code de conduite pour la lutte contre l'insécurité maritime et un mémorandum d'entente entre la CEDEAO, la CEEAC et la CGG. Dix ans plus tard, le nombre d'actes de piraterie et de brigandage maritime a fortement diminué. Fragile et relevant en premier lieu de dynamiques propres au Nigeria, cette baisse ne doit pas masquer toutefois les multiples défis qui persistent dans le renforcement de la sécurité maritime dans le Golfe de Guinée.

Certes, les capacités de plusieurs États se sont renforcées sous l'effet d'une mobilisation nationale et d'un appui de partenaires extérieurs. De même, la plupart des centres chargés d'appuyer et de coordonner la coopération interrégionale et régionale sont en place. Si le Centre régional de sécurité maritime pour l'Afrique centrale (CRESMAC) à Pointe-Noire était déjà opérationnel en 2013, depuis le sommet de Yaoundé ont été créés le Centre interrégional de coordination (CIC) à Yaoundé, le Centre régional de sécurité maritime pour l'Afrique de l'Ouest (CRESMAO) à Abidjan et trois Centres maritimes multinationaux de coordination (CMMC). Chaque État côtier du Golfe de Guinée dispose également d'un centre national référent.

L'opérationnalisation de l'architecture de Yaoundé est cependant loin d'être achevée et les résultats attendus n'ont été que partiellement atteints. Outre le fait que deux CMMC n'étaient toujours pas en place début 2023, les centres nationaux référents sont très inégaux, interrogeant même sur la rationalité du choix de l'administration désignée dans certains pays. Les centres transnationaux ne disposent ni des effectifs prévus théoriquement et pour lesquels les États se sont engagés, ni de mécanismes de financement pérenne couvrant de façon satisfaisante leurs besoins. L'harmonisation des corpus juridiques est encore en cours. Quant aux patrouilles conjointes, elles restent peu nombreuses. Pour consolider les acquis du sommet de Juin 2012, la CEDEAO, la CEEAC, la CGG et les États côtiers du Golfe de Guinée sont les premiers concernés, à commencer par l'impulsion de dynamiques de coopération, la mobilisation des ressources qui font encore défaut ou une réflexion sur les réformes permettant de renforcer l'efficacité de l'Architecture de Yaoundé au regard des leçons des premières années de mise en œuvre.

Les partenaires extérieurs ont toutefois également un rôle essentiel à jouer pour poursuivre le renforcement des capacités, accompagner les réflexions sur les chantiers prioritaires, mais aussi accroître l'efficacité de leurs appuis. Beaucoup a été fait en effet, mais les efforts ont été entravés par une coordination insuffisante, des luttes d'influence et une tension entre les intérêts des partenaires et ceux des parties prenantes de l'Architecture de Yaoundé. Cette tension, tout comme le manque de coordination, ne sont pas spécifiques au Golfe de Guinée. Ils interpellent cependant les effets induits d'un soutien international à la fois partie du problème et de la solution, directement du fait d'un manque de cohérence entre les partenaires et, indirectement, en raison des attentes, des comportements voire des ressentiments qu'ils produisent. Quoi qu'il en soit, la trajectoire de l'Architecture de Yaoundé illustre les difficultés en termes d'institutionnalisation et d'opérationnalisation d'organisations qui voient le jour sous la conjonction d'une mobilisation d'États africains et d'un appui de partenaires extérieurs, mais dont la mise en œuvre achoppe sur un manque d'appropriation et de leadership.

En effet, tant que les organisations régionales et les États du Golfe de Guinée ne s'impliqueront pas davantage dans le renforcement de la coopération dans le domaine de la sécurité maritime, tant que les centres de l'Architecture ne seront pas dotés des ressources humaines prévues, et tant qu'aucun mécanisme pérenne de financement des dépenses de fonctionnement ne sera pas mis en place, l'Architecture de Yaoundé risque fort de rester un cadre prometteur.

B- Des initiatives nationales inachevées au plan normatif

La lutte efficace contre la criminalité et les actes illicites dans les espaces maritimes congolais, nécessite l'adoption des lois visant spécifiquement l'incrimination, avec des sanctions sévères, du transport illicite d'enfants mineurs, de la piraterie maritime, des actes illicites contre la sécurité de la navigation maritime, des actes illicites contre la sécurité des plateformes fixes et mobiles situées sur le plateau continental et de la diffusion d'émissions non autorisées depuis la haute mer.

À cet effet, la loi n°5-2019 du 8 Février 2019 relative aux modalités de recours à la coercition et à l'emploi de la force en mer et dans les eaux continentales, est un instrument juridique important en ce qu'elle permet à l'État de réglementer et d'encadrer ses interventions dans les espaces maritimes et fluviaux en cas de besoin.

En outre, dans le cadre de la lutte contre le transport illicite d'enfants mineurs, la loi n° 22-2019 du 17 Juin 2019 portant lutte contre la traite des personnes constitue un dispositif légal efficace en ce qu'elle prévoit des sanctions pénales fermes à l'encontre aussi bien des personnes physiques que des personnes morales coupables de ce crime. Le Titre II de cette loi prévoit, pour les personnes physiques, les peines d'emprisonnement des travaux forcés à temps et des travaux forcés à perpétuité. En revanche, les personnes morales peuvent être frappées d'une amende allant de dix millions (10 000 000) à cinq cent millions (500 000 000) de FCFA. En plus d'amendes, elles peuvent se voir appliquer d'autres sanctions comme la fermeture temporaire ou définitive.

Toutefois, en ce qui concerne d'autres incriminations prévues par la convention des Nations Unies sur le droit de la mer et le code communautaire de la marine marchande, comme la piraterie maritime, les actes illicites contre la sécurité de la navigation, les actes illicites contre la sécurité des plates-formes fixes et mobiles situées sur le plateau continental et la diffusion d'émissions non autorisées depuis la haute mer, aucune loi spécifique relative à leurs sanctions n'est adoptée par la République du Congo. Ce vide juridique, de nature à favoriser l'impunité, ralentit l'élan de la lutte contre la criminalité et les actes illicites en mer.

CONCLUSION

En somme, pour consolider la lutte contre la criminalité et les actes illicites en mer, la République du Congo devrait adopter de toute urgence une loi spécifique, à l'instar de la loi camerounaise 2022/017 du 27 Décembre 2022 portant répression de la piraterie, du terrorisme et des atteintes contre la sécurité de la navigation maritime et des plateformes, afin de permettre à ses tribunaux de poursuivre les auteurs de crimes et d'actes illicites perpétrés en mer.

LA SÉCURITÉ DE LA NAVIGATION DANS LES EAUX CONTINENTALES EN RÉPUBLIQUE DU CONGO

par Hérissonne PAYIMA LOMBOBO,
Docteur en droit, Maître-Assistant CAMES, Enseignant permanent à la Faculté de Droit de l'Université Marien-Ngouabi

INTRODUCTION

La planète Terre regorge d'énormes potentialités de ressources en eau dont 97 % sont salées et 2,5 % constituent des eaux continentales. L'eau en liquide représente un tiers (1/3) de l'eau douce et le reste se trouvant dans les zones glaciaires[25]. Le rôle que joue l'eau, salée ou non-salée, dans la vie de l'homme n'a pas laissé indifférent le droit international car, la doctrine et les conventions internationales se sont longtemps intéressées à la réglementation des usages de l'eau tant maritime que fluviale. Grotius avait soutenu l'idée de la liberté des mers et des fleuves au motif que ces derniers sont les prolongements des premières[26]. La Convention de

[25] Frédérique (C.), « Rapport général du droit international de l'eau à la reconnaissance internationale d'un droit à l'eau : les enjeux », in *Droit international de l'eau*, Colloque d'Orléans, éd. Pedone, Paris, 2011, pp. 9-40, p. 9

[26] HUGO GROTIUS affirme aussi « …les territoires, les fleuves et les portions de mer qui pourraient devenir la propriété de quelque peuple, doivent être ouverts à ceux qui ont besoin d'un passage pour des causes légitimes… », in *Le droit de la guerre et de la paix*, Paris, Puf, 2012, p.

Montego Bay aujourd'hui entérine cette thèse de la liberté des mers. Cette étude s'intéresse à l'action de la République du Congo à la sécurité de la navigation dans les voies d'eau continentales.

La République du Congo est située en Afrique centrale et en plein cœur du bassin du fleuve Congo. Le territoire de la république du Congo est traversé par plusieurs voies d'eau dont le fleuve Congo, la Sangha, l'Oubangui, la Motaba, la Ngoko, la Likouala aux herbes, la Likouala Mossaka, la Nkeni, la Lefini, le Djoué, l'Alima,[27], le Kouilou, le Noumbi, la Louémé, la Nyanga, le Kouyou etc. Ces voies d'eau sont très importantes sur les plans économiques et sociaux, elles facilitent l'ouverture du pays à d'autres États voisins comme la RDC, le Cameroun et la RCA et désenclavent également certaines localités nationales qui dépendent uniquement du transport fluvial.

Par eaux continentales, il faut entendre l'ensemble des eaux non salées se trouvant à l'intérieur des continents issu des précipitations, des aquifères, des ruisseaux, des rivières et des fleuves. Ces eaux sont utilisées pour la cuisson, la boisson, l'arrosage des cultures agricoles, la navigation, la pêche, et bien d'autres usages introduits par le développement de la technologie comme la construction des barrages hydroélectriques. L'omnipotence de cette ressource dans la vie des êtres vivants confirme l'affirmation selon laquelle « l'eau c'est la vie. »

---

[27] MENGHO Bonaventure Maurice, « Les ports et les transports fluviaux dans la cuvette congolaise (République du Congo) », in Cahier d'Outre-Mer, n°187, 47e année, Juillet-Septembre, pp. 253-269, disponible en ligne sur https://www.persee.fr/doc/caoum_0373-5834_1994_num_47_187_3522, p. 254. Cette étude, le Professeur MEGHO offre les caractéristiques de chaque cours d'eau de la République du Congo ainsi que les dimensions.

La question de l'utilisation des voies d'eau pour la navigation est très liée à celle de la sécurité. Parmi les voies de navigation, certaines sont entièrement nationales alors que d'autres sont internationales (fleuve Congo, Oubangui et Sangha…). D'après le Statut de Barcelone du 20 Avril 1921 sur les voies navigables d'intérêt international, les voies d'eau navigables d'intérêt international sont « *Toutes parties naturellement navigable vers et depuis la mer d'une voie d'eau qui, dans son cours naturellement navigable vers et depuis la mer, sépare ou traverse différents États, ainsi que toute partie d'une voie d'eau naturellement navigable vers et depuis la mer reliant à la mer une voie d'eau naturellement navigable qui sépare ou traverse différents États*[28] ». La Convention des Nations Unies du 21 Mai 1997 portant droit relatif à l'utilisation des cours d'eau internationaux à des fins autres que la navigation emploi plutôt la notion de cours d'eau : *un cours d'eau international est un cours d'eau dont les parties sont situées dans deux ou plusieurs États*[29].

En Afrique, la Charte de Lomé sur la sureté et la sécurité maritimes et le développement en Afrique, adoptée à Lomé le 15 Octobre 2016, définit la notion de voies de navigation intérieure comme étant « *les fleuves, rivières, criques, lacs, estrans, lagunes, en deçà de la ligne de base d'eau, navigables, ou chenal d'accès aux installations de mouillage, de chargement et de déchargement, y compris les installations de manutention du fret en mer, les ports, les postes d'amarrage, les jetées, les pontons ou les bouées et les quais dans les limites de voies de navigation intérieure, partout dans un pays, et tout endroit reconnu comme voie de navigation intérieure aux termes de la législation nationale pertinente, telle que défini dans la Stratégie AIM 2050*[30] ». Aujourd'hui, grâce à la communautarisation du transport fluvial, les voies d'eau de la République du Congo sont soumises à un régime juridique communautaire dont le Code de navigation intérieure CEMAC-RDC (adopté par le

[28] Article 1er

[29] Article 2

[30] Article 1er de la Charte de Lomé du 15 Octobre 2016 sur la sûreté et la sécurité maritime et le développement en Afrique.

Règlement n°14/99-CEMAC-036-CM-03 du 17 Décembre 1999 et l'Accord du 06 Novembre 1999 créant la Commission internationale du Bassin Congo-Oubangui-Sangha (CICOS). Ces textes établissent des règles de sécurité dans le transport fluvial.

La sécurité en matière de navigation renvoie à l'ensemble des mesures relatives aux accidents, la facilitation du trafic fluvial et la protection de l'environnement fluvial. Cette notion se confond parfois avec celle de sûreté fluviale qui vise la prévention et la lutte contre tous actes ou menaces d'actes illicites à l'encontre d'un navire, de son équipage et de ses passagers ou à l'encontre des installations portuaires, des infrastructures et de l'environnement fluvial. La différence entre ces deux notions tient au fait que la sécurité de la navigation renvoie aux règles sur l'état des bâtiments et des voies de navigation, la sûreté consiste à faire face aux dangers de criminalité dirigés contre les bâtiments légitimement autorisés à naviguer dans les voies d'eau. C'est le cas de la piraterie, du terrorisme… Il faut reconnaître, par contre, qu'en dépit de cette différence, ces deux notions se complètent, la sûreté constituant le corollaire de la sécurité.

Deux principaux intérêts justifient la raison d'être de cette réflexion : un intérêt théorique et un autre intérêt pratique. Sur le plan théorique, la présente étude permet d'apprécier l'évolution du régime juridique de la sécurité de la navigation en République du Congo. Car, si hier, seules les autorités nationales étaient chargées de gérer les problèmes de sécurité de la navigation, aujourd'hui, les acteurs internationaux s'impliquent aussi avec des rôles importants en la matière. Les règles de sécurité connaissent également une évolution : des règles nationales vers des règles internationales voire communautaire. Par ailleurs, sur le plan pratique, l'étude vise à appréhender l'efficacité des règles et des institutions mises en place en vue d'améliorer la sécurité de la navigation. Sur ce point, il ressort de la navigation dans les voies d'eau de la République du Congo pose de nombreux problèmes dont celui de l'apparition des bancs de sable[31], des épaves, l'insuffisance du balisage, le mauvais état des bateaux, la surcharge des bateaux, de l'absence d'infrastructures portuaires…

Dès lors, la question qui se pose est celle de savoir si l'action de l'État congolais en matière de sécurité de la navigation dans les voies d'eaux continentales est-elle efficace ?

Il faut rappeler que la sécurité de la navigation sous-entend tout d'abord la condition des voies de navigation, des ports et celle des bâtiments. Mais, il ressort de l'analyse que l'action de l'État congolais en matière de sécurité de la navigation dans les voies d'eaux continentales fait appel à plusieurs acteurs nationaux et interétatiques. Raison pour laquelle avant d'aborder la question de l'inefficacité de la sécurité de la navigation (Deuxième partie), il convient de focaliser au préalable l'analyse sur le rôle des acteurs intervenant dans la chaîne de sécurité de la navigation en République du Congo (Première partie).

Première partie : Les acteurs de la sécurité de la navigation en République du Congo

La République du Congo a mis en place un cadre structurel de gestion de la navigation dans les voies d'eau pour faire face au problème de l'insécurité de celle-ci. Toutefois, suite à la création de la CICOS et de l'interconnexion de certaines voies de navigation, d'autres organismes à caractère sous-régional

[31] MENGHO Bonaventure Maurice, op cit, p. 256

appuient l'action des États riverains, y compris celle de la République du Congo dans les eaux continentales. Il s'agit en particulier de la CICOS et du Service Commun d'Entretien des Voies Navigables (SCEVN). Ainsi, il convient dans cette première partie d'étudier d'abord le rôle des services nationaux (A) avant de passer à celui des organismes sous-régionaux (B).

A- Les acteurs nationaux

Après que nous aurons mentionné la compétence du Ministère de l'économie fluviale et des voies navigables et d'autres services (1), il sera ensuite question d'indiquer leur apport dans l'amélioration de la sécurité de la navigation fluviale (2).

1- Le Ministère de l'économie fluviale et des voies navigables

D'une manière générale, la gestion de la sécurité de la navigation fluviale est souvent confiée au Ministère des transports. Mais, la République du Congo fait une exception en créant un Ministère de l'économie fluviale et des voies navigables selon le décret n°2012-1161 du 09 Novembre 2012 relatif aux attributions du ministre de l'économie fluviale et des voies navigables, puis le décret n° 2022-1882 du 21 Novembre 2022 du même intitulé.

Ce ministère élabore et met en œuvre la politique du gouvernement en matière d'économie fluviale ainsi qu'en matière de réseaux des voies navigables et ports intérieurs, règlemente la navigation intérieure et l'organisation des professions y relatives et assure l'entretien des voies navigables…

D'autres services intervenant dans le processus de lutte contre l'insécurité dans les eaux continentales sont : l'Inspection Générale des Transports (IGT), la Direction Générale de la Navigation Fluviale (DIGENAF), le Port Autonome de Brazzaville et Ports Secondaires (PABPS) et la Société Congolaise de Transport Fluvial (SOCOTRAF).

L'IGT est chargée entre autres de diligenter toute enquête et toute investigation en vue de remédier aux disfonctionnements des services de la navigation fluviale, aux anomalies et à la défection des infrastructures.

La DIGENAF quant à elle élabore la réglementation relative à la police, à la sécurité et à la sureté de la navigation fluviale et au domaine public fluvial ; elle organise la recherche et la sauvegarde sur les voies d'eau navigables et organise l'examen du certificat de capacité. Elle comprend : la Direction des Infrastructures et des Equipements Navals et Portuaires (DIENP) ; la Direction de la Stratégie et des Politiques Intermodales (DSPI) ; la Direction de l'Inspection Fluviale (DIF) et la Direction des Transports par voies Navigables (DTVN)[32].

En ce qui concerne le Port Autonome de Brazzaville et Ports Secondaires (PABPS), créé par l'ordonnance n°4-2000 du 16 Février 2000 qui, par le biais de sa Direction de la Capitainerie, organise des brigades d'intervention en cas de sinistre et assure la prévention et la lutte contre l'incendie et la pollution.

La SOCOTRAF quant à elle, a notamment pour objet tous services d'exploitation du transport fluvial, l'affrètement des bateaux, tous travaux de maintenance et d'entretien des

[32] CICOS, « Cahier des statistiques 2012 : accidents et incidents de navigation fluviale et lacustre dans le bassin du Congo », 53 pages, ps. 17-19

bateaux[33]. Ce dernier point lui permet de participer à la sécurité de la navigation fluviale en œuvrant pour la réparation des bateaux faisant partie de la logistique fluviale.

Au niveau local, la Loi n°10-2003 du 06 Février 2003 portant transfert de compétences aux collectivités locales, dispose en son article 35 que « les Communes assurent la création et l'entretien des forêts et des cours d'eau situés dans leur ressort territorial ainsi que la protection des bassins versants, des sources et des plans d'eau ». En vertu de la distribution des compétences aux différents acteurs selon le droit en vigueur, une action juridique est déployée en vue d'assurer la sécurité de la navigation dans les voies d'eaux continentales en République du Congo.

Ces différentes institutions ont apporté des plusieurs textes visant à améliorer la sécurité de la navigation intérieure. Il s'agit des décrets et des arrêtés.

En ce qui concerne les décrets, il faut citer à titre d'exemple le décret n°2010-337 du 14 Juin 2010 fixant les conditions d'agrément des professions de navigation fluviale et des professions connexes. L'article 4 de ce décret dispose que « L'accès aux professions visées à l'article 2 du présent Décret est soumis à l'obtention d'un agrément délivré par le ministre chargé de la navigation fluviale ». Ce décret marque une application sérieuse du droit de la CICOS par la République du Congo car, l'article 5 de l'Accord du 06 Novembre 1999 permet aux États contractants d'accorder les agréments alors que la CICOS elle-même fixe les conditions des liens entre un bateau et un État contractant.

---

[33] Article 3 des Statuts de la SOCOTRAF

Pour ce qui est des arrêtés, il faut noter l'arrêté n°5626 du 04 Septembre 2002 portant réglementation du contrôle technique des bâtiments de navigation intérieure ; l'arrêté n°5626 du 04 Septembre 2002 portant immatriculation et identification des bâtiments de navigation intérieure ; l'arrêté n°3366 du 13 Juillet 2002 fixant les conditions et les modalités de délivrance des certificats de capacité pour la navigation intérieure en République du Congo.

2- Le Secrétariat permanent du Comité interministériel de l'action de l'Etat en mer et dans les eaux continentales (SEPCIM-AEMEC)

Au commencement était la Loi n°5-2019 du 8 février 2019 relative aux modalités de recours à la coercition et à l'emploi de la force en mer et dans les eaux continentales. Cette Loi donne le pouvoir aux commandants des bâtiments des forces navales de contrôler les navires se trouvant dans les eaux maritimes et continentales congolaises et d'y constater toute infraction commise sur les navires, bateaux et embarcations battant pavillon congolais dans tous les espaces maritimes congolais[34]. Pour la meilleure surveillance des espaces liquides du Congo et les interventions rapides et coordonnées en cas de crise, il est institué des centres des opérations maritimes[35] et fluviales[36] ainsi que les cellules de crise préfectorales.

[34] Article 5 de la Loi n°5-2019 du 8 février 2019

[35] Le Centre des opérations maritimes est créé par le décret n°2020-436 du 1er octobre 2020 qui définie également ses attributions et son organisation.

[36] Les centres des opérations fluviales sont créés Brazzaville, Mossaka, Ouesso et Impfondo respectivement par les décrets signés le 1er octobre 2020 n°2020-437, n°2020-438, n°2020-440 et n°2020-439

La Loi ne précise pas le type d'infraction tandis que les activités menées en mer sont diverses et font intervenir plusieurs acteurs publics. Les missions assignées aux commandants des bâtiments des forces navales sont restrictives. C'est ainsi que le Décret n°2019-125 du 3 mai 2019 portant organisation et coordination de l'action de l'État en mer et dans les eaux continentales vient préciser que "L'action de l'État en mer et dans les eaux continentales désigne l'ensemble des missions exercées en mer et dans les eaux continentales par les administrations de l'État, chacune dans son domaine de responsabilité." Aujourd'hui, le décret impose alors l'exercice coordonné de l'action de l'État dans son domaine fluvial.

Pour réussir le pari de la sécurité et de la sûreté dans les eaux continentales, le Décret crée un Comité Interministériel (CIM) de l'Action de l'État en mer et dans les eaux continentales assisté d'un Secrétariat permanent[37] qui est la cheville ouvrière de l'AEMEC au Congo.

Mais, l'épineux problème qui reste à résoudre est celui du financement de l'AEMEC. Le Décret n°2024-1234 du 23 août 2024 fixe les modalités de financement et de contribution à l'action de l'État en mer et dans les eaux continentales. L'opérationnalisation de ce décret est encore un chalenge pour le Comité interministériel (CIM). Ce financement facilitera les interventions en matière de sécurité, de sûreté, de recherches et de surveillance des frontières.

[37] Les attributions, l'organisation et le fonctionnement du Secrétariat permanent sont définis par le Décret n°2021-489 du 5 novembre 2021.

Outre les services nationaux, il faut également ajouter l'appui des organismes interétatiques notamment la CICOS et le GIE-SCEVN.

B - Les acteurs sous-régionaux

Sachant que la gestion des voies navigables ne peut être efficace sans la coopération entre les États riverains, la République du Congo a emboité le pas dans la création de la CICOS. Cette institution a été créée par l'Accord du 06 Novembre 1999 relatif au régime uniforme des voies navigables et portant sa création. Son mandat a été étendu à la gestion intégrée des ressources en eau par l'Additif du 22 Février 2007. Il est plus judicieux de montrer le rôle du GIE-SCEVN (1) avant de passer à l'étude du rôle de la CICOS dans la sécurité de la navigation (2).

1- Le GIE-SCEVN

Le Groupement d'Intérêt Économique pour le Service Commun d'Entretien des Voies Navigables a vu le jour en 2007 par un Accord signé à Brazzaville entre la République du Congo et la République centrafricaine (RCA).

Cet accord, a été signé suite à la dissolution de l'ATC par l'Ordonnance n°1-200 du 16 Février 2000 en vue de renforcer l'amélioration des voies navigables et, ce conformément au Protocole Tripartite Congo-RCA-RDC relatif à l'entretien des voies navigables.

À cet effet, la mission du SCEVN consiste à améliorer les conditions de navigation par le balisage, le dragage, le dérochement et le désensablement.

Suivant l'article 1er du Protocole tripartite Congo-RCA-RDC, le rôle du SCEVN en matière d'entretien et du balisage se limite du PK 339 du fleuve Congo, soit à 10 km en amant de Bolobo jusqu'à Liranga, ainsi que la section comprise entre Mobenzelé et Bangui.

Les travaux de balisage et d'entretien visent à ne faire éprouver aucun obstacle à la navigation et à établir une route desservant les accès portuaires.

Il faut quand-même reconnaitre que la tâche du GIE-SCEVN n'est pas facile dès lors que les moyens sont maigres et que les sections à entretenir sont gigantesques : Oubangui (600 km) ; Bretelle Lobaye (90 km) ; le fleuve Congo jusqu'à son affluent avec l'Oubangui (595 km) ; la Ngoko 188 km ; Haut Oubangui (378 km)[38].

Suite à la révision du Protocole tripartite Congo-RCA-RDC, la CICOS a été ajoutée à ce processus pour coordonner les travaux d'entretien des voies navigables internationales.

2- Le rôle de la CICOS dans la sécurité de la navigation

En vertu de l'Accord du 6 Novembre 1999, la CICOS est appelé à jouer un rôle en matière de sécurité de la navigation dans les voies navigables Congo-Oubangui-Sangha. La CICOS est devenue dans la sous-région la cheville ouvrière en matière de la sécurité de la navigation intérieure. Cela peut se vérifier à travers les compétences qui sont attribuées en matière d'entretien des voies navigables et de coopération en cas de situation urgente[39].

---

[38] GIE-SCEVN, « Présentation du GIE-SCEVN), p. 3

[39] PAYIMA LOMBOBO Hérissonne, *La CICOS et l'intégration des*

Du point de vue de l'entretien des voies navigables, le premier alinéa de l'article 7 de l'Accord du 6 Novembre 1999 prévoit que la CICOS fixe les conditions à suivre par les États membres pour l'entretien et l'amélioration des voies navigables situées dans les limites du bassin Congo-Oubangui-Sangha. Son alinéa 3 précise que la Commission définit et fixe les conditions générales d'entretien, d'exploitation et de contrôle des travaux des voies navigables. À cet effet, l'Accord fait de la CICOS l'autorité supranationale du bassin Congo-Oubangui-Sangha. Pour bien guider son action et la rendre plus efficace, l'alinéa 2 du même article ajoute qu'elle peut se référer aux conventions, accords et protocoles conclus entre deux ou plusieurs États contractants entant qu'ils sont en vigueur et ne sont pas abrogés par le présent Accord. Le texte qui intéresse davantage la CICOS dans ce cadre est le Protocole tripartite Congo-RCA-RDC.

Aussi, dans le cadre des situations d'urgence[40], l'article 11 de l'Accord du 6 Novembre 1999 oblige-t-il les États membres concernés à coopérer avec la CICOS. La substance de cette obligation est donnée par l'alinéa 2 du même article qui dispose que : « Tout État contractant sur le territoire duquel survient une situation d'urgence prend immédiatement, en coopération avec la Commission et les États qui risquent d'être touchés ainsi que, le cas échéant, les organisations internationales concernées, toutes les mesures pratiques possibles que dictent les circonstances pour prévenir, atténuer et éliminer les conséquences dommageables de la situation d'urgence ». Par ailleurs, suivant l'alinéa 3 de l'article 11, la CICOS peut élaborer les plans d'urgence pour faire face aux situations d'urgence en cas de nécessité.

Etats de l'Afrique centrale, L'Harmattan, Paris, 2021, 486 pages, pp. 70-74

[40] Dans le domaine de l'utilisation des ressources en eau, une situation d'urgence est un danger que présente l'eau, soit, suite à un usage de l'eau par un Etat riverain, soit, d'un phénomène naturel indépendant de la volonté d'un Etat riverain sur le territoire duquel il survient.

Enfin, sur le plan juridique, il faut ajouter que la CICOS joue un rôle important dans l'harmonisation et l'application des textes relatifs à la navigation. Il en est ainsi de la révision du Protocole tripartite du 21 Juillet 1978 relatif à l'entretien des voies navigables[41] qui a été révisé le 27 Mai 2007 sur invitation du Secrétaire général de la CICOS à Brazzaville[42]. La CICOS est également appelé à veiller à l'application des dispositions du Code CEMAC/RDC et de prendre les mesures en vue d'élaborer des règlements communs en matière de construction et de réparation navales. À ce titre, la Commission a déjà adopté plusieurs textes d'application dont le Règlement commun pour la construction, l'équipement et la maintenance des bateaux de navigation intérieure dans l'espace CICOS[43] ; le Modèle unique de certificat d'immatriculation, de jaugeage et de navigabilité…

<u>Deuxième partie</u> : L'application difficile des règles de sécurité de la navigation transfrontalière

L'application difficile des règles de sécurité de la navigation signifie que celles-ci ne parviennent pas à atteindre des résultats attendus. Il faut distinguer des difficultés liées à l'application des règles de sécurité des voies de navigation (**A**) de celles relatives aux dépendances des voies de navigation (**B**).

A- Les règles de sécurité des voies de navigation

Comme le milieu marin, les voies d'eaux continentales présentent également une diversité d'obstacles à la navigation : les vagues, les bancs de sable, les épaves, les troncs d'arbres…

[41] Article 17 (a) de l'Accord du 06 Novembre 1999

[42] PAYIMA LOMBOBO Hérissonne, op cit, p. 77

[43] Voir Décision n°01/CICOS/.6CMX.4 du 21 Novembre 2014

Pour garantir la sécurité, l'action de la République du Congo consiste d'une part, à l'entretien des voies de navigation (**1**) et, d'autre part, au balisage de celles-ci (**2**).

1 - L'entretien insuffisant des voies de navigation

L'entretien des voies de navigation est une première condition permettant de garantir la sécurité de la navigation. Il consiste à dérocher, désensabler et éliminer les troncs d'arbres, les épaves de bâtiments et tout objet susceptible d'entraver la navigation.

C'est un engagement pris par la République du Congo en vertu de l'Accord du 6 Novembre 1999, du Code de navigation intérieure CEMAC-RDC et du Protocole tripartite Congo-RCA-RDC relatif à l'entretien des voies navigables d'intérêt commun, signé le 21 Juillet 1978 tel que révisé en mai 2008. La République du Congo s'est engagée, comme les autres États signataires, « à éliminer les barrières physiques et non physiques susceptibles d'entraver la fluidité du trafic fluvial[44] ». Au regard du Protocole tripartite relatif à l'entretien des voies navigables d'intérêt international, l'entretien des voies de navigation reste limité, la mission du SCEVN ne concerne que les cours d'eau internationaux : fleuve Congo et les affluents l'Oubangui et la Sangha. Sur le fleuve Congo, les États se sont repartis les sections du fleuve à entretenir de la manière suivante : « l'entretien et le balisage de la route du Pool Malebo (PK10 au PK50 à Maluku) et la section comprise entre le PK 50 sur le fleuve Congo et Mobenzele (PK173 sur l'Oubangui), seront assurés par la République démocratique du Congo. Toutefois, du PK339 du fleuve Congo soit 10 km en amont de Bolobo jusqu'à Liranga, l'entretien et le balisage sur la rive droite seront assurés par la République du Congo et la République centrafricaine ».

[44] Article 9 de l'Accord du 06 Novembre 1999 instituant un régime fluvial uniforme et créant la CICOS.

Ces engagements se concrétisent difficilement dans la pratique à cause de la faiblesse d'entretien des voies d'eau. D'une part, les voies d'eau sont obstruées par des bons de sable, des troncs d'arbres et des épaves qui rendent ainsi la sécurité de la navigation de moins en moins sûre. Un rapport du GIE-SCEVN de fin de campagne de balisage des moyennes et basses eaux de Décembre 2020 à Février 2021 présente la situation de la manière suivante :

- sur l'Oubangui, le Rapport fait état de l'obstruction des passes par les bancs de sable ;

- sur la Sangha, les passes ont connu de très bouleversement de sable suite à la crue ;

- au niveau du fleuve Congo, les passes du tronçon des km 348 au 360, du Km 450 au 530 et du Km 585 au 600 de la rive droite n'ont pas connu de bouleversement même pendant les basses eaux.

À ce faible entretien qui entraine des accidents mortels, s'ajoute aussi l'absence de balisage et de signalisation dans les voies navigables en République du Congo.

2- Le balisage insuffisant des voies navigables

Le balisage est une opération qui consiste à placer des signaux fixes et des signaux flottants, appelés balises, indiquant des obstacles à la navigation et traçant la route à suivre. Cette opération est indispensable à la sécurité de la navigation car elle permet aux bateaux d'éviter les dangers.

Le balisage des voies navigables en République du Congo est régi par le Protocole tripartite Congo-RCA-RDC ainsi que par le Code de la navigation intérieure CEMAC/RDC en son Annexe n°1 et la nomenclature des signaux de balisage. Là aussi, l'action de la République du Congo se limite uniquement au fleuve Congo, à l'Oubangui et à la Sangha. Le Rapport du GIE-SCEVN cité *supra* renseigne que la remise des balises de l'Oubangui s'est effectuée du 03 au 04 Décembre 2020 et du 21 Décembre 2020 au 07 Janvier 2021[45]. Au niveau de la Sangha, les balises vandalisées du km 56 au km 200 ont été remis à leur place. Sur le fleuve Congo, le balisage ne s'effectue qu'une seule fois par année et cela rend plus difficile la navigation[46].

Il est par ailleurs triste de constater que les voies d'eau navigables nationales sont en état d'abondant[47]. Ces dernières années, en République du Congo, l'action de l'État a été davantage orientée vers la route et l'avion au détriment des voies d'eau continentales. Pourtant, contrairement à la route et à l'avion, le transport fluvial, en dépit de sa lenteur, offre la possibilité de transporter un tonnage plus énorme. Il en est ainsi du trafic du bois qui se faisait essentiellement par la voie d'eau.

Eu égard à ce qui précède, la première partie de notre réflexion a permis d'appréhender les premières conditions de (la) sécurité de navigation qui sont liées à l'état des voies d'eau. L'action de la République du Congo en matière de sécurité des voies de navigation est limitée et insuffisante. Faut-il ajouter que la sécurité de la navigation est également subordonnée à la bonne condition des dépendances des voies navigables.

---

[45] Rapport du SCEVN de fin de campagne de balisage des moyennes et basses eaux de Décembre 2020 à Février 2021, p. 10

[46] Idem, p. 12

[47] NGO MBOGBA-MIKANO Paulette, *Le droit de la navigation intérieure en Afrique centrale : vers la communautarisation*, L'Harmattan, Paris, 2012, 265 pages, p. 128

B- L'ineffectivité des règles de sécurité des dépendances des voies de navigation

La sécurité de la navigation ne se limite pas à l'entretien et au balisage des voies navigables. Elle s'étend également à la sécurité des bâtiments (1) et à la sécurité des ports (2).

1- La sécurité des bâtiments

La sécurité des bâtiments est assurée lorsque ceux-ci sont en bon état et construits selon les normes. Elle est vérifiable au moyen des documents requis. Il s'agit, entre autres, selon le Code en son article 23 : du certificat de navigabilité en cours de validité et du certificat d'aptitude à la navigation intérieure que doit présenter le capitaine. Le Code ajoute à l'article 136 que, « Tout service d'inspection des voies de navigation intérieure CEMAC/RDC a le droit d'interdire le départ d'un bâtiment d'un port de sa juridiction dans le cas où ce bâtiment n'est pas en état de navigabilité ». La CICOS, a érigé un Règlement commun, applicable dans tous ses États membres, qui définit les normes de construction, d'équipement et de maintenance des bateaux de navigation intérieure. Les unes portent sur la construction, la maintenance et l'équipement des baleinières en bois en zone 3 d'une longueur de 30 et les autres portant sur la construction, l'équipement et la maintenance des bateaux en acier d'une longueur inférieure à 40 m.

Dans les voies navigables de la République du Congo, la sécurité des bateaux n'est pas respectée. Il existe davantage des baleinières construites dans la méconnaissance des normes en vigueur et des vieux bateaux construits, pour certains, depuis les années 60 et 70. Il n'existe pas de condition de voyage adéquates pour les voyageurs qui, exposés au vent, au soleil, aux pluies sur les barges[48], ensemble avec le bétail et même des grumes.

---

[48] MENGHO Bonaventure Maurice, op cit, p. 260

En conséquence, en 2020, ont été enregistrés 6 naufrages entrainant 9 décès et des pertes de marchandises ; trois (3) collisions en 2021 ; en 2022 ont été enregistrés 1 fléchissement, 2 collisions, 3 incendies et 4 chavirements ayant entrainé au total la destruction de 9 baleinières et d'importantes pertes de marchandises. Certains accidents se produisent parfois juste aux ports. Ce qui signifie que la sécurité portuaire pose également problème.

2- La vétusté des équipements et installations portuaires

Le port est un point de rive d'un cours d'eau qui comprend l'ensemble des installations où les bateaux abordent, chargent et déchargent les marchandises et les passagers. En République du Congo, à part le Port Autonome de Brazzaville, il y a les ports de Ouesso, d'Impfondo, de Mossaka, d'Oyo.

La sécurité portuaire est subordonnée à l'existence et au bon état des infrastructures du port (qui comprennent un quai construit, les entrepôts, les bouches d'incendie…) et les équipements au complet (qui comprennent les grues, les bollards, les engins de relevage, les engins à fourches et bien d'autres engins de manutention).

Le constat amer qui symbolise la faiblesse de l'action de l'État dans les eaux continentales porte sur le fait que, dans les localités ayant bénéficié de la construction des ports, les infrastructures portuaires sont devenues vétustes et dépourvues de tous les matériaux nécessaires.

Par ailleurs, certains sites portuaires sont obstrués par l'apparition des bancs de sable pendant les périodes de basses eaux. Il s'agit par exemple du port de Brazzaville. Ce phénomène a pour causes les changements climatiques, les érosions et l'avancement du désert du Sahara. Pour faire face aux phénomènes d'érosion, les États riverains devraient veiller à l'occupation anarchique des terrains dans les villes riveraines.

Or, la plupart des ports des villes et localités en République du Congo sont dépourvues d'infrastructures et d'équipements portuaires requis. Cela occasionne les accidents et les incendies des bateaux. Tel est le cas de l'incendie de la baleinière Aigle Royale, produite le 5 Décembre 2022 au cours de laquelle 7 baleinières ont cramé y compris une grande quantité de marchandises et le décès d'une personne[49].

Des localités comme Owando, Loukoléla, Liranga et bien d'autres encore, situées au bord des voies de navigation sont très attractives en activités fluviales mais les infrastructures portuaires n'existent pas. Ce qui signifie que le transport fluvial n'a pas bénéficié des investissements importants au cours de ces dernières années.

CONCLUSION

À la question de savoir si l'action de l'État en matière de sécurité de la navigation dans les voies d'eau continentales est efficace, il faut retenir que l'action de l'État est insuffisante et inefficace. La sécurité de la navigation dans les voies navigables du bassin du Congo fait face à plusieurs menaces ; « … la surcharge des bateaux et embarcations, la vétusté des infrastructures et matériaux flottants […], la faiblesse ou le manque total de balisage sur les voies navigables, l'inobservation des normes de sécurité, un personnel navigant inexpérimenté et manquant de formation et de recyclage… Les naufrages qui se produisent sans cesse en Afrique centrale

[49] Voir le répertoire des Accidents/incidents de navigation fluviale en République du Congo, (DIGENAF), p. 6

sont le fait des défaillances techniques et de sécurité et le fait que les politiques aient livré le transport fluvial aux mains d'armateurs peu scrupuleux et peu soucieux de la sécurité des passagers[50] ».

Il faut alors renforcer la sécurité des voies navigables par des mesures suivantes :

1- Réviser les textes en vigueur sur l'entretien des voies navigables pour élargir les compétences du GIE-SCEVN à l'entretien et au balisage de toutes les voies d'eau nationales et internationales ;

2- Ou encore créer une société publique qui sera chargée de l'entretien et le balisage des voies navigables essentiellement nationales ;

3- Créer une société publique d'expertise des bateaux ou reconstruire le chantier naval ;

4- Soutenir la formation des jeunes congolais à l'Ecole régionale de formation aux métiers de navigation intérieure ;

5- Investir dans la construction et l'équipement des ports de toutes les localités dépendantes de l'eau.

6- Veiller et combattre l'occupation anarchique de terrains dans les villes situées au bord des cours d'eau afin d'éviter l'érosion des sols et la formation des bancs de sable.

---

[50] NGO MBOGBA-MIKANO Paulette, *Le droit de la navigation intérieure en Afrique centrale : vers la communautarisation*, L'Harmattan, Paris, 2012, 267 pages, p. 178

En investissant davantage dans le domaine du transport par voies d'eau, la République du Congo protégerait ses routes ainsi que l'environnement.

Bibliographie :

1. Accord portant régime uniforme des voies navigables et créant la CICOS, 06 Novembre 1999 ;

2. Charte de Lomé du 15 Octobre 2016 sur la sûreté et la sécurité maritime et le développement en Afrique.

3. CICOS, « Cahier des statistiques 2012 : accidents et incidents de navigation fluviale et lacustre dans le bassin du Congo », 53 pages, 17-19 ;

4. Code de navigation intérieure CEMAC-RDC, 17 Septembre 1999 ;

5. Convention des Nations-Unies du 21 Mai 1997 portant droit relatif aux utilisations des cours d'eau internationaux à des fins autres que la navigation ;

6. Frédérique (C.), « Rapport général du droit international de l'eau à la reconnaissance internationale d'un droit à l'eau : les enjeux », in *Droit international de l'eau*, Colloque d'Orléans, éd. Pedone, Paris, 2011, pp. 9-40, p. 9 ;

7. Décision n°01/CICOS/.6CMX.4 du 21 Novembre 2014

8. GIE-SCEVN, « Présentation du GIE-SCEVN), p. 3

9. MENGHO Bonaventure Maurice, « Les ports et les transports fluviaux dans la cuvette congolaise (République du Congo) », in Cahier

d'Outre-Mer, n°187, 47e année, Juillet-Septembre, pp. 253-269, (disponible en ligne sur https://www.persee.fr/doc/caoum_0373-5834_1994_num_47_187_3522 ;

10. NGO MBOGBA-MIKANO Paulette, *Le droit de la navigation intérieure en Afrique centrale : vers la communautarisation*, L'Harmattan, Paris, 2012, 265 pages, p. 128 ;

11. PAYIMA LOMBOBO Hérissonne, *La CICOS et l'intégration des États de l'Afrique centrale*, L'Harmattan, Paris, 2021, 486 pages, pp. 70-74 ;

12. Protocole tripartite Congo-RCA-RDC relatif aux modalités d'entretien des voies navigables ;

13. Rapport du SCEVN de fin de campagne de balisage des moyennes et basses eaux de Décembre 2020 à Février 2021 ;

14. Répertoire des Accidents / incidents de navigation fluviale en République du Congo, (DIGENAF), p. 6 (disponible à la DIGENAF) ;

LA CONVENTION INTERNATIONALE DE 1973 POUR LA PREVENTION DE LA POLLUTION PAR LES NAVIRES ET SON PROTOCOLE DE 1978 (MARPOL 73/78)

par Jean Félix MOUTHOUD-TCHIKAYA,
Diplômé de l'institut du droit maritime international de l'OMI à MALTE, Ancien Directeur général de la marine marchande, membre de l'association congolaise du droit maritime.

I- CONTEXTE DE SON ADOPTION

L'élaboration et l'adoption de la convention MARPOL a été la réponse de la communauté maritime internationale suite au choc provoqué par les déversements des hydrocarbures sur les côtes françaises par le tanker Torrey CANYON en 1967.

La prise de conscience des effets dévastateurs de cette catastrophe a conduit l'organisation Maritime internationale (OMI) à élaborer cette convention en 1973, suivi de son protocole en 1978 ; les deux instruments sont entrés en vigueur le 02 Octobre 1983.

A- Champ d'application

La convention MARPOL couvre toutes les formes de pollution de la mer par les navires notamment : la pollution par les hydrocarbures, les substances liquides nocives en vrac, les substances nocives en colis, les eaux usées des navires et les ordures des navires, la pollution de l'atmosphère par les navires. Cette convention comprend 20 articles.

En 1997, la convention MARPOL a été élargie par un protocole relatif à la prévention de la pollution de l'atmosphère par les navires.

Au fil des ans cette convention ne cesse de s'améliorer. L'objectif étant que les activités maritimes effectuées par les navires soient sûres, efficaces et respectueuses de l'environnement marin.

B- Définition du navire

Au sens de la Convention MARPOL, il faut entendre par navire, tout type de bâtiment exploité en mer ; il s'agit aussi bien des navires, des hydroptères, des aéroglisseurs, les engins submersibles, les engins flottants, les plateformes fixes ou flottantes.

C- Règles relatives à la prévention de la pollution par les hydrocarbures

Les principales règles relatives à la prévention de la pollution par les navires sont contenues dans les six (6) annexes de MARPOL.

ANNEXE I : Règles relatives à la prévention de la pollution par les hydrocarbures

L'annexe I a introduit un certain nombre de concepts nouveaux contraignants dont, les principaux sont :

- ✓ l'obligation pour les pétroliers neufs d'avoir une double coque et, pour les anciens, il a été mis en place un calendrier progressif afin de les équiper d'une double coque.

- ✓ l'obligation pour les pétroliers et autres navires d'avoir à bord un plan d'urgence contre la pollution par les hydrocarbures.
- ✓ le droit d'inspection des navires par l'État du port où le navire séjourne.

ANNEXE II : Règles relatives à la prévention de la pollution par les substances liquides nocives transportées en vrac

L'annexe II détaille les critères de rejet et les mesures de lutte contre la pollution par les substances nocives transportées en vrac. L'un des critères essentiels est que les navires citernes servant au transport des produits chimiques dangereux en vrac soient construits selon les normes contenues dans le recueil IBC.

Ce recueil repose sur le principe fondamental suivant : les navires doivent être repartis en différents types en fonction des risques que présente le produit qu'ils visent.

Il est important de noter que le rejet des résidus d'une substance liquide nocive n'est autorisé que dans les installations de réception chaque Port doit favoriser l'établissement de ces installations de réception.

La convention n'autorise les rejets qu'au-delà de 12 milles marins.

ANNEXE III : Règles relatives à la prévention de la pollution par les substances nuisibles transportées par mer en colis

Cette annexe contient les prescriptions générales relatives à l'emballage au marquage à l'étiquetage, à la documentation, à l'arrimage etc…

Ces substances nuisibles, sont répertoriées par le code maritime international des marchandises dangereuses (code IMDG).

ANNEXE IV : Règles relatives à la prévention de la pollution par les eaux usées des navires

Le rejet des eaux usées à la mer est interdit, sauf si le navire dispose d'une installation de traitement des eaux approuvée, ou que le navire rejette les eaux usées après broyage et des infections, à l'aide d'un dispositif approuvé, ce rejet ne peut s'effectuer qu'à plus de 3 milles marins.

ANNEXE V : Règles relatives à la prévention de la pollution par les ordures des navires

En vertu de l'annexe V, une interdiction générale s'applique au rejet en mer de tous types d'ordures y compris toutes les matières plastiques.

Cette annexe comprend des prescriptions relatives à la tenue des registres des ordures et les plans de gestion des ordures.

En 2018, l'OMI a renforcé les mesures en adoptant un plan d'action pour empêcher les déchets plastiques de pénétrer dans le milieu marin par le biais des activités des navires.

ANNEXE VI : Règles relatives à la prévention de la pollution de l'atmosphère par les navires

Les règles de cette annexe contiennent des mesures qui ont pour objectif de limiter la pollution de l'atmosphère par les navires ; il s'agit des mesures limitant les principaux polluants atmosphériques contenus dans les gaz d'échappement des navires.

II- BILAN ET PERSPECTIVES

L'adoption de la convention MARPOL 73/78 a été une étape décisive dans la prise en compte par la communauté maritime internationale de l'impact et des effets néfastes des activités maritimes sur l'environnement marin.

Autrement dit, il ne suffisait plus seulement d'assurer la prospérité économique des nations à travers le transport maritime, la sécurité des personnes et des biens en mer mais il fallait éviter de dégrader l'environnement marin. D'où le slogan "une navigation plus sûre et des océans plus propres".

Il ressort de l'analyse et de la mise en œuvre de cette convention que sur le plan du droit :

1- MARPOL est sur le plan du droit international l'instrument juridique majeur de ces 50 dernières années, en matière de prévention et de lutte contre les pollutions marines de tous genres

Cette convention construit progressivement un droit international de l'environnement marin obligatoire, contraignant et interventionniste ;

L'annexe I permet aux navires d'être inspectés lorsqu'ils se trouvent dans les ports d'un autre état partie à la convention, ces inspections ont pour but de vérifier les documents, les procédures essentielles à bord des navires en matière de prévention de la pollution marine.

Le concept de "contrôle par l'État du port" réduit l'État du pavillon d'une partie de ses droits ;

- L'État du port peut intervenir et détenir un navire non conforme aux règles de prévention de la pollution marine.

- MARPOL rend obligatoire l'audit des États partie à la convention ; ces audits sont réalisés par l'OMI.

2- Sur le plan de la coordination et de l'efficacité de la lutte contre les navires sous norme

Désormais, il est mis en place dans toutes les mers du monde des Mémorandum of Under standing ou mémorandum d'entente (M.O.U), organismes régionaux chargés de coordonner le contrôle des navires par l'état du port, afin de lutter contre les navires sous normes qui représentent un véritable danger pour la sécurité et une menace pour l'environnement marin.

Tous les océans et les mers du monde sont divisés en régions couvertes par le MOU.

L'efficacité des MOU a réduit énormément la présence de ces navires sous norme à travers les mers du globe.

3- La mise en place d'un régime de coopération, de responsabilité et d'indemnisation en cas de pollution

À la suite de MARPOL 73/78, la communauté maritime internationale a complété et structuré toute la politique de prévention et de lutte contre la pollution marine, en adoptant d'autres conventions en matière de coopération, de responsabilité civile et d'indemnisation contre les dommages dus à la pollution marine.

Ainsi, en 1990, a été adoptée la convention internationale sur la préparation, la lutte et la coopération en matière de pollution par les hydrocarbures. Elle prévoit des mécanismes de coopération entre les États dans l'assistance, le transfert de technologie, la mise à disposition du savoir-faire et de renforcement de capacités.

En 1992, a été adoptée la convention sur la responsabilité civile des propriétaires des navires. Cette convention régit la responsabilité civile des propriétaires des navires ayant causé une pollution marine par les hydrocarbures.

Le propriétaire d'un navire a une responsabilité objective, c'est-à-dire qu'il est responsable même en l'absence de toute faute ; il peut cependant, sous certaines conditions, limiter sa responsabilité.

La convention de 1992, sur la responsabilité a été complétée par la convention de 1992 sur l'indemnisation ; elle établit un régime d'indemnisation des victimes qui entre en jeu lorsque l'indemnisation prévue aux termes de la convention sur la responsabilité est insuffisante.

Le Congo a ratifié la convention MARPOL 73/78 ; (par la loi 06/81 du 27 Janvier 1983 portant ratification de la convention MARPOL 73/78).

L'administration marine applique le contrôle des navires par l'État du Port :

- le Congo est un membre très actif du MOU d'ABUJA ;

- il abrite le siège du centre d'information sous régional du MOU D'ABUJA ;

- il a été audité par l'OMI ;

- le Congo a également ratifié les conventions sur la responsabilité civile des propriétaires des navires et sur le Fonds d'indemnisation.

Toutes ces actions positives devront permettre au Congo de participer à la mise en place d'une politique efficace de la préservation et de la lutte contre les pollutions de l'environnement marin ; étant noté que le Congo est un pays producteur de pétrole, il n'est donc pas à l'abri d'une catastrophe écologique. Il possède un port maritime important pour le commerce international et le développement économique ; c'est pourquoi, il serait opportun de s'assurer que tous les mécanismes conventionnels ainsi que toutes les procédures afférentes à la lutte contre la pollution marine, à la coopération internationale, à la responsabilité civile ainsi qu'à l'indemnisation soient effectivement adoptés et mis en œuvre.

Pour conclure comme le constate l'OMI, « la convention MARPOL dans les années à venir revêtira une importance plus grande à mesure que le développement durable deviendra une nécessité dont dépendra l'avenir du monde. Les navires du futur doivent répondre en permanence aux besoins de la société du secteur et du commerce mondial et doivent être exploités dans un cadre qui encourage une culture de promotion des technologies vertes, allant au-delà de la conformité aux prescriptions réglementaires ».

L'EMPLOI DES GARDES ARMES PRIVES À BORD DES NAVIRES DE COMMERCE

par Jean-Jacques OKAMBA,
Master of science in général maritime administration and environnement protection, Université Maritime Mondiale de Malmö (Suède),
Ancien Inspecteur général des affaires maritimes et portuaires (IGAMP), au Ministère des transports maritimes et de la marine marchande

I- CONTEXTE

La sécurité maritime et l'emploi de la force en mer, en cas de besoin, font depuis toujours partie des missions régaliennes des États dans leur espace maritime.

Aussi, est-il difficile d'abandonner cette compétence, encore plus à l'heure de la montée en puissance de l'expansion de la piraterie maritime qui crée une inquiétude sécuritaire.

Le terme piraterie désigne un acte de montée à bord pour perpétrer une attaque sur un bateau ou sur un navire en haute mer avec usage de la violence, détention illégale des personnes ou des propriétés, de vol à main armée et de détention des biens.

Les raisons de cet acte sont à rechercher principalement dans la pauvreté et l'instabilité des pays d'origine des pirates.

Les zones de piraterie correspondent à une surface où des pirates ont délimité leurs frontières, autrement dit, ont marqué leur territoire maritime.

L'objectif des pirates est la neutralisation d'une voie maritime vitale pour l'approvisionnement mondiale des hydrocarbures, la perturbation des flux commerciaux, et l'utilisation à des fins terroristes des navires détournés comme armes.

Toutes les zones maritimes mondiales sont concernées par la piraterie :

- l'Océan indien, longtemps principale zone de piraterie a connu une baisse significative de ces actes, bien que la situation reste volatile à cause de la guerre au Yémen ;

- l'Asie du sud-est, reste une zone à hauts risques, en particulier dans le détroit de Singapour ;

- l'Amérique latine et l'Arc des Caraïbes comptent le plus d'incidents avec la plupart des vols sans violence ; cette zone a également vu la naissance d'un nouveau type de piraterie, la narco-piraterie.

Le **Golfe de Guinée**, longtemps épargné, concentre aujourd'hui la majorité d'incidents liés à la piraterie.

En 2021, 52 actes de piraterie ont été commis et décomptés dont 29 kidnappings, les eaux les plus touchées sont celles du Nigéria, de Sao-Tomé et Principe.

Ainsi, le Golfe de Guinée est devenu une zone à haut risque.

II- REPONSE REGLEMENTAIRE

Le développement de la piraterie maritime au large de la Somalie, notamment, a permis la création d'un nouveau type de métier en /de la mer : « le personnel armé sous contrats privés ».

A- Evolution du positionnement de l'OMI au sujet des Personnels armés sous contrats privés (PCASP)

En 2008, le Conseil de Sécurité de l'ONU a autorisé successivement l'intervention des armées étrangères dans les eaux territoriales somaliennes et des escortes par les bâtiments de guerre, mais cette pratique n'était pas généralisée car certains pavillons de complaisance ne contribuaient pas à cet effort.

C'est dans ce contexte que tout armateur souhaitant protéger ses navires a été autorisé à utiliser les gardes armés plutôt qu'une escorte.

L'Organisation Maritime Internationale (OMI), organisme spécialisé de l'ONU pour les questions maritimes, a publié progressivement au cours des sessions du Comité de la Sécurité Maritime (MSC) les circulaires suivantes ainsi qu'un manuel :

1- MSC1/circ. 613 du 18 Juin 1993, § 40 ;

2- MSC1/circ. 1333 du 26 Juin 2009, § 5 de l'annexe de la circulaire telle que révisée par MSC1-circ. 1333rév 1 de Juin 2015 ;

3- MSC1/circ. 1339 du 14 Sept 2011 ;

4- Manuel intitulé, meilleures pratiques de gestion pour la protection contre les pirates basés en Somalie.

L'objectif de ce manuel est d'aider les navires à éviter, à décourager, à retarder les attaques de pirates. Ainsi, ce qui peut être considéré comme devise **« Ne soyez pas victime de la piraterie »**, signifie :

- évaluation des risques, plan de la compagnie maritime, plan du capitaine du navire, navire pris par les pirates, intervention militaire, compte rendu de l'évènement par le capitaine ;

- présence de personnel de sûreté maritime non armé sous contrats privés : le recours à ce personnel à bord est soumis à la législation nationale de l'État du pavillon ; ce personnel doit être expérimenté et compétent en complément des meilleures pratiques de gestion ;

- présence de personnel de sûreté maritime privé armé sous contrats privés ; le recours à ce personnel à bord des navires de commerce, après évaluation des risques que présentent les voyages concernés et reçus l'autorisation des États dont les navires battent les pavillons respectifs.

Ceci ne signifie pas que le recours à ce personnel est recommandé et avalisé par l'OMI.

L'option recommandée est d'avoir recours à des équipes provenant des navires de guerre.

B- Directives et recommandations intérimaires de l'OMI au sujet des PCASP

À sa 89ème session (11-20 Mai 2011) le MSC a approuvé des directives intermédiaires sous réserve que dans les plus brefs délais, résolution MSC324 (89), MSC1/circ. 1339 le comité et le conseil de l'OMI autorisent la réunion du groupe de travail sur la sûreté et la piraterie maritime (13-15 Sept 2011) ; cette résolution sera annulée pour éviter d'adopter un document à titre rétroactif.

À la suite de débats de haut niveau, le comité a décidé également à sa 90ème session (16-25 Mai 2012) d'élaborer des directives à l'intention des Sociétés Privées de Sûreté Maritime (PMSC), circ. 1443 du 25 Mai 2012.

1- MSC1/circ1405 /rev2 de Mai 2012, directives intérimaires révisées à l'intention des propriétaires, d'exploitants et des capitaines des navires sur l'utilisation des personnels armés sous contrats privés ;

2- MSC1/circ. 1406/rev2 recommandations intermédiaires révisées à l'intention des États du pavillon sur l'utilisation des personnels armés à bord des navires dans de régions à hauts risques ;

3- MSC1/circ. 1408 /rev1 contenant des recommandations à l'intention des États du Port et des États côtiers sur l'utilisation des personnels de sûreté sous contrats privés à bord des navires de commerce dans des zones à haut risque ;

4- MSC-FAL1/circ. 2 contenants le questionnaire sur les renseignements relatifs aux règles des États du port et des États côtiers sur l'utilisation du personnel de sûreté sous contrats privés.

Les autres recommandations et directives de l'OMI en vue de prévenir et de réprimer les actes de piraterie, les vols à main armée à l'encontre des navires.

Les États sont priés d'informer l'OMI sur leur expérience dans la mise en œuvre de directives, recommandations et circulaires.

III- LA PRÉSENCE DES PERSONNELS ARMES À BORD DES NAVIRES NÉCESSITE QU'ELLE SOIT ANALYSEE ET ÉCLAIRCIE

- le type de contrat ;

- les procédures de gestion à l'embarquement, au débarquement, en transit, en escale des navires, des armes à feu et des personnels impliqués ;

- les autorisations ou les agréments des administrations impliquées dans la gestion ;

- la gestion des questions de défense et de sûreté dans l'ensemble.

IV- LE CONGO EST MEMBRE DES NATIONS UNIES, DE L'UNION AFRICAINE, DE LA CEMAC, DE LA CEEAC ET A SIGNE PLUSIEURS ENGAGEMENTS RÉGIONAUX, INTERNATIONAUX ET DOIT ESSAYER DE SE CONFORMER A LA MISE EN ŒUVRE DE CEUX-CI

- Une circulaire n° 22-0042/MTACMM/CAB du 14 Janvier 2021 a été signée et publiée à l'attention des armateurs, compagnies maritimes, consignataires, exploitants de navires et agents maritimes et un début de mise en œuvre de celle-ci avec Maersk-Congo ;

Dans la mise en œuvre efficace dans la gestion de ce genre de dossier, une approche interministérielle, consensuelle et concertée est utile car aucune administration seule ne pourra proposer une solution idoine.

Je vous remercie pour votre aimable attention.

SOUS-THÈME 4 :
PERSPECTIVES DE L'ACTION DE L'ÉTAT EN MER ET DANS LES EAUX CONTINENTALES

PERSPECTIVES DE L'ACTION DE L'ÉTAT EN MER ET DANS LES EAUX CONTINENTALES

par Rosalie MATONDO,
Ministre de l'Économie Forestière

Monsieur le Secrétaire permanent du comité interministériel de l'action de l'État en mer et dans les eaux continentales ;
Monsieur le Président du Groupe technique de travail des experts auprès du Secrétariat permanent du comité interministériel de l'action de l'État en mer et dans les eaux continentales ;

Distingués invités, toute préséance respectée ;

Mesdames et Messieurs,

Je voudrais commencer ma communication à remercier les organisateurs de ce colloque pour avoir pensé à rassembler tous les acteurs ayant des activités d'intérêts économiques sur notre côte maritime, les fleuves et rivières de notre pays, les chercheurs, les universitaires, les étudiants.

Aussi, voudrais-je inviter très respectueusement l'auditoire à se mettre debout et d'observer une minute de silence, en hommage de cet homme qui s'était impliqué corps et âme à l'édification de l'AEMEC dans notre pays, je cite le Ministre **Martin Parfait Aimé COUSOUD-MAVOUNGOU.**

Mesdames et Messieurs,

L'Action de l'État en mer et dans les eaux continentales (AEMEC) désigne l'ensemble des opérations maritimes, fluvio-lacustres menées par le Gouvernement dans l'intérêt public.

La République du Congo, est un pays forestier. En effet, 69 % de son territoire est couvert de forêts. En ratifiant plusieurs conventions, traités et accords, notre pays a pris des engagements au niveau sous-régional, régional et international en matière de la conservation durable de la biodiversité à l'exemple de son adhésion en 1996 à la Convention sur la biodiversité.

En vue d'atteindre les objectifs d'Aïchi, qui fixait un objectif de sauvegarde de la biodiversité pour 17 % des zones terrestres et des eaux continentales et pour 10 % des zones marines et côtières en 2020, le Gouvernement a créé un réseau de 17 aires protégées couvrant 12,39 % du territoire national, soit 4 238 064 d'hectares et comprenant des parcs nationaux, des réserves, des domaines de chasse et des sanctuaires. À ces aires protégées, il faut ajouter les aires protégées transfrontalières qui ont été créées sur la base des protocoles d'accord entre les pays limitrophes ayant en partage les mêmes paysages, limités par des cours d'eau où des patrouilles mobiles et fixes sont menées régulièrement par des brigades multinationales de lutte anti-braconnage.

Je peux citer les paysages du Tri-national de la Sangha, de Dja-Odzala et Minkébé, connus sous l'acronyme TRIDOM, Lac Télé/Lac Tumba et Mayumba-Conkouati.

Le nouveau cadre mondial de la biodiversité adopté en fin 2022 à Montréal, au Canada, quant à lui, a fixé des nouveaux objectifs à atteindre d'ici 2030, « Au moins 30 % des zones terrestres et maritimes mondiales (en particulier les zones d'importance particulière pour la biodiversité et ses contributions aux populations) conservées par le biais de systèmes d'aires protégées efficaces, gérés équitablement, écologiquement représentatifs et bien reliés entre eux (et d'autres mesures efficaces de conservation par zone) ». À cet effet, le Gouvernement poursuit ses efforts à créer, avec l'appui des partenaires techniques et financiers, les ONG de conservation de la biodiversité, la société civile et les communautés locales et populations autochtones des aires protégées et des aires de conservation marines et continentales.

Mesdames et Messieurs,

Dans cette perspective, avec l'appui de l'ONG WCS, il a été mise en place l'Initiative Congo Marin. La planification spatiale marine a été implémentée le long de la côte maritime et a eu pour objectifs de fournir une meilleure compréhension de la complexité (spatiale et temporelle) des activités marines et des influences humaines sur la Zone Économique Exclusive (ZEE) ; de permettre de mieux comprendre les désirs, les perceptions et les intérêts sous-jacents (sectoriels) dans la ZEE ; de créer une plateforme permettant aux parties prenantes de discuter de solutions qui n'ont peut-être pas été considérées individuellement ; de minimiser les conflits entre les acteurs des secteurs économiques différents.

Cette planification spatiale marine a permis d'identifier 11 zones dont 3 sont côtières et 8 sont en offshore.

C'est ainsi qu'en Août 2022, le Gouvernement et les parties prenantes ont classé deux (02) sites pour en créer des AMP sur les 11 identifiées. Il s'agit des réserves communautaires marines (RCM) de la baie de Loango et de Mvassa et a élargi celle du parc national de Conkouati-Douli pour une superficie totale de 4 758 Km^2 soit 1,4 % du territoire national et 12,01 % de la ZEE. Autres perspectives de la gestion rationnelle de l'écosystème marin, c'est l'intéressement des Gouvernements des pays du Golfe de Guinée du côté de l'Afrique centrale ayant en partage l'océan atlantique, la création d'une aire marine transfrontalière qui viserait le renforcement de la surveillance et de la lutte contre l'exploitation illégale et le commerce illicite des ressources halieutiques, la mutualisation des moyens techniques et des compétences et de mettre en œuvre la stratégie de la CEEAC relative au développement de l'économie bleue durable.

Au niveau continental, le Gouvernement de mon pays vise à poursuivre la création des aires protégées dans le massif forestier de Messok-Dja dans le département de la Sangha, dans le milieu fluvial de Linkénzé dans le district de Mossaka (sanctuaire à hippopotame), une binationale entre le parc national d'Ogooué-Lékety au Congo et le parc national de l'Ogooué au Gabon, initier la mise en place des brigades multinationales de surveillance et de lutte antibraconnage sur les rivières Dja et Ogooué.

Pour terminer mon propos, il sied de relever que les aires protégées du Congo constituent de véritables leviers de l'émergence d'une industrie touristique, orientée vers l'écotourisme dans le contexte de la diversification économique. Comme vous le savez, le tourisme est l'un des piliers retenus dans le PND 2022-2026. D'où la nécessité d'aménager ces aires protégées en vue de l'implantation des infrastructures touristiques et de sécuriser les eaux de surface qui constituent leur limite naturelle. Un appui financier est donc souhaitable pour réaliser les plans d'aménagement de l'ensemble des aires protégées et investir dans les infrastructures qui permettent un accès aisé et sécurisé dans ces paysages.

LA PROBLEMATIQUE DU FINANCEMENT DE L'ACTION DE L'ÉTAT EN MER ET DANS LES EAUX CONTINENTALES EN RÉPUBLIQUE DU CONGO

par René NGANONGO,
Contre-amiral, Chef d'état-major de la marine nationale et Président du Groupe technique de travail des experts auprès du SEPCIM-AEMEC

INTRODUCTION

L'actualité maritime en ce début de décennie 2020, nous présente le Golfe de Guinée[1] comme un espace en proie aux menaces sécuritaires et économiques multiformes, devenues une préoccupation majeure pour les pays de la région, les partenaires stratégiques et l'ensemble de la communauté internationale.

Plusieurs initiatives internationales (les résolutions de l'Assemblée générale des nations unies[2], du Conseil de sécurité des nations unies[3]...) et régionales (Protocole de

---

[1] Partie de l'océan Atlantique qui borde l'Afrique de l'Ouest et du Centre, sur une distance de 5.700 km de côtes, regroupant 25 Etats dont 19 seulement jouissent d'une façade maritime.
[2] Résolution 2018 qui établit un cadre de lutte contre les actes de piraterie commis au large des côtes du golfe de Guinée.
[3] Résolution 2039 qui encourage les États du Golfe de Guinée à élaborer une stratégie régionale de lutte contre la piraterie et à créer un mécanisme multinational et transrégional

Kinshasa[4], Code de conduite de Yaoundé[5]...) encouragent les États de la région à mettre en place des stratégies et des cadres de coordination pour le renforcement de la sécurité et de la sûreté maritimes.

À côté des pays à civilisation anglo-saxon qui ont pérennisé la culture américano-britannique d'avoir des garde-côtes, les pays francophones du Golfe de Guinée[6] ont pour la plupart adopté le modèle français de l'action de l'État en mer (AEM). L'AEM reconnait la dimension interministérielle des questions à caractère maritime et opte pour un organisme public dédié à la coordination des différentes administrations de l'État ayant vocation à agir en mer. Ces administrations disposent de pouvoirs de police adaptés aux missions de l'AEM, dans une logique à la fois de métier et de milieu[7].

Dans cette optique, la République du Congo a adopté deux (02) textes (la loi n° 5-2019 du 08 Février 2019 relative aux modalités de recours à la coercition et à l'emploi de la force en mer et dans les eaux continentales et le décret n° 2019-125 du 3 Mai 2019 portant organisation et coordination de l'action de l'État en mer et dans les eaux continentales, qui définissent aujourd'hui sa politique de coordination et sa stratégie de sécurité et de sûreté maritimes étendues aux eaux continentales, sous le vocable Action de l'État en Mer et dans les Eaux Continentales (AEMEC).

---

[4] Protocole relatif à la stratégie de sécurisation des intérêts vitaux en mer des Etats de la CEEAC du Golfe de Guinée.
[5] Code de conduite relatif à la prévention et à la répression des actes de piraterie, des vols à main armée à l'encontre des navires et des activités maritimes illicites en Afrique de l'Ouest et du Centre.
[6] Le Gabon, le Cameroun, le Togo, le Bénin, le Sénégal, la Côte d'ivoire, la Guinée, le Congo…
[7] F. MANET, *Le crime en bleu, essai de thalassopolitique*, collection la pensée stratégique, nuvis, Paris, 2018, p.60.

Le Congo s'est ainsi inscrit dans cette logique, pour faire face aux problèmes sécuritaires dans son espace maritime et s'intégrer en matière de sécurité maritime collective au niveau régional.

La spécificité du concept congolais de l'AEM réside dans son extension aux eaux continentales.

Ce concept en phase d'opérationnalisation dans différents pays de la région, est confronté à certaines difficultés, axes entre autres sur les questions de coordination institutionnelle, de mutualisation et de financement.

La mise en œuvre effective de ce concept, passe sans nul doute par la prise en compte de ces problématiques essentielles. Ainsi, en vue de contribuer aux réflexions amorcées sur la question du financement de l'AEMEC, il nous a été demandé de présenter une analyse des contours de *« la problématique du financement de l'action de l'état en mer et dans les eaux continentales en République du Congo »*.

La réponse à cette problématique nous conduira à présenter tour à tour :

I. RAPPEL DES FONDEMENTS DE L'AEMEC ;

II. INTERETS DU FINANCEMENT DE L'AEMEC ;

III. PISTES DE FINANCEMENT.

I- RAPPEL SUR LES FONDEMENTS DE L'AEMEC

Présenter les fondements de l'AEMEC en République du Congo, c'est passé en revue le cadre juridique et institutionnel (1), les principes de base (2), les acteurs concernés (3), le cadre d'organisation (4), les possibilités de financement à partir du cadre juridique de l'AEMEC (5), ainsi que les perspectives en la matière (6).

1- Cadre juridique et institutionnel

La République du Congo a, dans l'optique de la mise en œuvre du concept de l'action de l'État en mer et dans les eaux continentales, adopté deux (02) textes spécifiques fixant les principes d'organisation, de coordination et de fonctionnement qui sous-tendent le concept. Il s'agit notamment de la loi relative aux modalités de recours à la coercition et à l'emploi de la force en mer et dans les eaux continentales[8] et du décret portant organisation et coordination de l'action de l'État en mer et dans les eaux continentales[9].

2- Principes

Les textes ci-dessus mentionnés édictent un ensemble de principes autour desquels se construit l'action de l'État en mer et dans les eaux continentales. Ces principes sont au cœur de la collaboration interinstitutionnelle pour une meilleure défense et protection des intérêts économiques et vitaux de l'État dans ces espaces liquides. Parmi ceux-ci, nous avons entre autres la coordination des activités qu'elles soient de nature régalienne ou de nature technique[10], la mutualisation des moyens de l'ensemble des administrations intervenants dans le cadre de l'AEMEC[11] et l'adhésion à une démarche de partage de charges[12].

---

[8] Loi n° 5-2019 du 08 Février 2019 ;
[9] Décret n° 2019 -125 du 03 Mai 2019 ;
[10] Article 3 du décret n° 2019 -125 du 03 Mai 2019 ;
[11] Article 3 du décret n° 2019 -125 du 03 Mai 2019 ;
[12] Article 13 du décret n° 2019 -125 du 03 Mai 2019 ;

3- Acteurs concernés

L'action de l'État en mer et dans les eaux continentales concerne tous les acteurs publics et privés, ayant des intérêts en mer et dans les eaux continentales[13].

4- Cadre d'organisation

L'action de l'État en mer et dans les eaux continentales s'organise aux plans stratégique, opératif et opérationnel[14].

Au plan stratégique, la coordination de l'AEMEC est assurée par le comité interministériel de l'AEMEC, qui est chargé de veiller à la protection des intérêts nationaux et stratégiques dans les domaines maritime et fluvio-lagunaire et de traiter des problématiques liées à l'AEMEC[15]. À ce titre, certaines missions lui sont confiées, parmi lesquelles :

- proposer et élaborer la stratégie nationale pour la mer et les eaux continentales ;

- orienter et favoriser les échanges de savoir-faire et les mutualisations des moyens entre les administrations ou services intervenant dans l'AEMEC ;

- définir les actions à mener dans le cadre de la fonction garde-côtes et en fixer les priorités ;

- coordonner l'action des administrations ou services qui participent à l'exercice de la fonction garde-côtes et prendre toutes mesures susceptibles d'accroître l'efficacité de leur action commune[16].

---

[13] Article 2 du décret n° 2019 -125 du 03 Mai 2019.
[14] Article 4 du décret n° 2019 -125 du 03 Mai 2019 ;
[15] Article 5, ibidem ;
[16] Article 5, ibidem ;

Le comité interministériel de l'AEMEC est présidé par le Premier ministre, Chef du Gouvernement et composé des ministres ayant sous leur tutelle les différentes administrations intervenant en mer ou dans les eaux continentales[17]. En vue de garantir la permanence de son action, le comité interministériel de l'AEMEC est assisté au niveau stratégique par un secrétariat permanent[18].

Au plan opératif ou local, le comité interministériel s'appuie sur les structures départementales des administrations situées sur la frange maritime ou fluviale, sous la coordination du préfet de département, comme représentant de l'État en mer et dans les eaux continentales dans sa circonscription administrative. Ce dernier a pour mission d'animer et de coordonner, dans sa zone de responsabilité, l'action de l'État en mer et dans les eaux continentales des administrations concernées, sans faire obstacle à l'exercice par les autorités administratives, judiciaires et militaires des attributions qui leur sont reconnues par la loi[19].

Au niveau opérationnel, la coordination est assurée par le centre des opérations maritimes, s'agissant des départements qui abritent la frange maritime et par les centres des opérations fluviales, pour les départements situés le long du couloir fluvial[20].

5- Possibilités de financement à partir du cadre juridique de l'AEMEC

Les textes définissant le cadre juridique de l'AEMEC, prévoient des dispositions qui traitent d'ores et déjà de la question du financement de ce dispositif, parmi lesquelles :

---

[17] Article 6, ibidem ;
[18] Article 7, ibidem ;
[19] Article 8 et 9, ibidem ;
[20] Article 10, ibidem ;

- ✓ **l'article 11** de la **loi n° 5-2019 du 08 Février 2019** relative aux modalités de recours à la coercition et à l'emploi de la force en mer et dans les eaux continentales[21] ;

- ✓ **l'article 13** du **décret n° 2019 -125 du 03 Mai 2019** portant organisation et coordination de l'action de l'État en mer et dans les eaux continentales[22].

6- Perspectives

L'opérationnalisation effective de l'AEMEC devra sans nul doute passée par le règlement des questions de financement et de formation.

En matière **de financement**, il est nécessaire de procéder à l'adoption et à la publication du décret portant sur les modalités de financement et de contribution à l'action de l'État en mer et dans les eaux continentales[23]. Ce texte définira les mécanismes de financement essentiels au soutien des activités de coordination et au développement capacitaire.

S'agissant **des questions de formation**, un accent doit être mis sur l'optimisation de la coopération en matière de formation avec les structures et acteurs partenaires[24] pour le

---

[21] Cet article traite des amendes à infliger aux navires et embarcations pour refus d'obtempérer aux injonctions des commandants de navires et aéronefs de l'Etat dans le cadre de l'exercice des mesures de coercition. Ces amendes devront entre autres servir au financement des activités liées à l'AEMEC.

[22] *« Les activités liées à l'AEMEC sont financées par le budget de l'Etat et les contributions des administrations et structures publiques ou privées ayant des intérêts en mer ou dans les eaux continentales ».*

[23] Article 13 du décret n° 2019 -125 du 03 Mai 2019 ;

[24] Les centres d'excellence régionaux (ARSTM-ISMI, RMU, université maritime du Cap-Vert, KAIPTC…) et les partenaires internationaux offrant les opportunités de formation ;

renforcement des capacités des personnels des administrations AEMEC. Aussi, convient-il d'inscrire dans ce registre, le lancement dans un futur proche de l'Institut des hautes études maritimes et fluviales (**IHEMF**) à vocation régionale[25].

II- INTERET DU FINANCEMENT DE L'AEMEC

Le financement de l'AEMEC revêt un intérêt majeur, en ce qu'il constitue la réponse attendue face aux multiples préoccupations sécuritaires (1) et au problème d'exigences capacitaires (2).

1- Les préoccupations majeures

L'organisation d'une étude sur l'impact économique, sécuritaire et environnemental auprès de quelques administrations publiques[26] impliquées dans l'AEMEC, nous a permis de relever de multiples préoccupations nécessitant des réponses effectives à court, moyen et long terme. Ces défis répertoriés, ont été regroupés par centres d'intérêts et se présentent de la manière suivante :

a. Sur les installations pétrolières offshores

- ✓ intrusion des chalutiers, des pirogues des pêcheurs-artisans congolais, des personnes étrangères dans le périmètre de sécurité ;
- ✓ incendies accidentels sur les plateformes.

[25] Loi n°22-2023 du 18 Juillet 2023 portant création de l'institut des hautes études maritimes et fluviales ;
[26] Hydrocarbures, pêche, environnement, transports et marine marchande, défense et sécurité…

b. Sur les réserves halieutiques

- ✓ déversement en mer des substances dangereuses ;
- ✓ dégazage des navires et déballastage ;
- ✓ pêche illégale, non déclarée et non réglementée (INN) ;
- ✓ pollution du milieu marin par les hydrocarbures.

c. Sur les navires et installations portuaires

- ✓ vols et brigandages en mer ;
- ✓ explosions accidentelles dues au stockage des substances dangereuses.

d. Sur les personnes humaines

- ✓ restrictions de l'aire de pêche privant les pêcheurs-artisanaux des produits halieutiques à forte valeur marchande ;
- ✓ arraisonnement des pêcheurs congolais par les marines voisines.

e. En termes de risques sécuritaires potentiels

- ✓ piraterie maritime ;
- ✓ trafics illicites.

2- Les exigences capacitaires

En vue d'apporter des réponses significatives, durables et permanentes aux défis ci-dessus mentionnés, les différentes administrations ont proposé des pistes de solutions devront pallier aux déficits jusque-là constatés. Ces réponses d'ordre juridique, opérationnel, infrastructurel et matérielles sont présentées en groupe, proportionnellement aux besoins exprimés. L'on peut noter :

a. **En matière de sécurisation et surveillance de la ZEE et des plateformes pétrolières**

✓ patrouilles conjointes en mer (MDN-MTACMM-MAEP-MHC-MEF, …) ;

✓ opérationnalisation du SAR ;

✓ postes de contrôle maritime ou postes avancés particulièrement dans la zone de Conkouati ;

✓ balisage des périmètres de sécurité autour des plateformes et des aires protégées de reproduction, de pêche maritime et lacustre.

b. **En matière de surveillance de pollution**

✓ opérationnalisation du système sémaphorique ;

✓ mise en place d'une unité de réception et de traitement d'eaux de ballast ;

✓ mise en place d'une unité de réception et de traitement des résidus d'hydrocarbures.

c. **En matière de renforcement de la répression**

✓ formation des personnels des administrations ;

✓ application rigoureuse de la réglementation en vigueur ;

✓ amélioration de la mise en œuvre des poursuites judiciaires.

d. En matière d'infrastructures portuaires

- ✓ la nécessité de construction d'un plan incliné ou port militaire pour la sécurité à quai des vecteurs nautiques essentiels pour les missions interministérielles à caractère opérationnel.

NB : Il existe une relation étroite entre la croissance économique liée à l'exploitation de la mer et la sécurité maritime. La prolifération des menaces maritimes a une incidence directe sur le fret et autres activités exercées en mer. À titre d'illustration, au Kenya les frais supplémentaires résultants de la piraterie pour les importations et les exportations se chiffrent à des dizaines de millions de dollars par mois et des études effectuées au Nigéria ont conclu que la piraterie menace quelque 50 000 emplois[27].

Ainsi, la non prise en compte des préoccupations majeures et des exigences capacitaires ci-dessus répertoriées, pourrait avoir un fort impact socio-économique, avec pour conséquences, entre autres :

- ✓ la baisse du trafic maritime ;
- ✓ la baisse et/ou l'arrêt de la production pétrolière ;
- ✓ l'augmentation des prix du fret maritime ;
- ✓ l'instabilité des communications électroniques ;
- ✓ l'augmentation des prix de denrées alimentaires, (…).

---

[27] Https://africacenter.org/fr/security-article/les-couts-economiques-de-la-piraterie-maritime/.

Pris de façon groupée, les facteurs suscités entraineraient une inflation qui, certainement affecterait l'économie nationale[28]. De ce fait, il est bon que tous les acteurs ayant des intérêts en mer et dans les eaux continentales participent au financement de la sécurisation des intérêts stratégiques de l'État dans ses espaces liquides pour un meilleur développement de l'économie bleue.

III- PISTES DE FINANCEMENT

L'analyse approfondie des instruments juridiques existants en matière de taxation[29] et de financement des activités maritimes, ainsi que ceux liés aux questions de gestion des finances publiques en République du Congo[30], nous emmène à soumettre à la réflexion quelques sources de financements possibles. Il s'agit notamment de :

1- Premièrement

- ✓ des Budgets organiques des administrations (nécessité d'ouvrir une ligne budgétaire intitulée « ***contribution à l'action de l'État en mer et dans les eaux continentales*** »). Cette ligne doit être inscrite sur le budget de chaque structure impliquée dans l'AEMEC.

---

[28] Https://africacenter.org/fr/security-article/les-couts-economiques-de-la-piraterie-maritime/.

[29] Loi n°2-2000 du 1er Février 2000 portant organisation de la pêche maritime en République du Congo, loi n° 5-2019 du 8 Février 2019 relative aux modalités de recours à la coercition et à l'emploi de la force en mer et dans les eaux continentales (…).

[30] Loi organique n° 36-2017 du 3 octobre 2017 relative aux lois de finances (…).

2- **Deuxièmement**

- ✓ créer **un compte d'affectation spéciale (compte spécial de trésor)**, alimenté par le budget de l'État et les contributions des administrations intervenant en mer et dans les eaux continentales, prélevées à hauteur de 2 % sur la ligne budgétaire « contribution à l'action de l'État en mer et dans les eaux continentales » existant dans les crédits de chaque administration concernée.

3- **Troisièmement**

- ✓ s'appuyer sur la dynamique des arrangements bilatéraux actuellement en expérimentation dans le cadre de l'AEMEC, à travers l'accord technique entre le ministère de la défense nationale et le ministère de l'agriculture, de l'élevage et de la pêche, sur la surveillance des pêches[31].

4- **Quatrièmement**

- ✓ prendre aussi en compte les apports provenant des mécanismes internationaux, régionaux et sous-régionaux, les dons et legs, ainsi que les assurances.

[31] Accord signé le 1er Avril 2022 par les ministres de tutelle, dans le cadre du projet d'amélioration des conditions d'exercice de la pêche maritime et de la durabilité de sa gestion au Congo, financé par l'Union Européenne.

Ces quelques mécanismes de financement peuvent, à ce jour, constituer une base de réflexion pour l'ensemble des acteurs concernés, en vue de régler cette question capitale et essentielle à l'opérationnalisation du concept congolais de l'action de l'État en mer et dans les eaux continentales.

Un projet de décret proposé par le groupe interministériel de finalisation du cadre institutionnel de l'AEMEC[32] qui reprend ces différentes sources de financement a été transmis à l'ensemble des administrations concernées et inscrit au processus décisionnel.

La problématique du financement de l'AEMEC est, à ce jour, une préoccupation majeure pour le secrétariat permanent du comité interministériel de l'action de l'État en mer et dans les eaux continentales (SEPCIM-AEMEC), qui est chargé de proposer un texte impliquant les acteurs publics et privés, en vue de régler cette question essentielle au plan normatif.

CONCLUSION

En définitif, sur la base des analyses ci-dessus présentées, notamment sur les fondements et les besoins en financement de l'AEMEC, il nous revient de nous poser les questions ci-après : « quels sont les mécanismes à mettre en place pour alimenter la caisse collective et assurer la cohérence des activités qui concourent aux attributions organiques, conformément aux dispositions des textes en vigueur ? » ; aussi, « quel est le modèle de financement qui donnerait plus de chance à l'AEMEC d'être opérationnelle ? ».

[32] Note de Service N°0051/PM-CAB du 18 Octobre 2019.

Toutefois, il est à retenir que notre crédibilité ne se justifiera que par notre efficacité à mieux sécuriser nos espaces liquides, et ceci n'est possible que si nous mutualisons les moyens, partageons rationnellement l'information et créons un climat de confiance mutuelle pour l'intérêt de tous. Car, l'opérationnalisation effective de l'action de l'État en mer et dans les eaux continentales passera certainement par la mise à contribution des moyens de l'État (Humains, matériels, financiers), disponibles au niveau des différentes structures pour le bien commun, dans un esprit interministériel.

CÉRÉMONIE DE CLÔTURE

SYNTHESE DES TRAVAUX DU COLLOQUE

par le professeur Godefroy MOYEN,
Président du comité scientifique

Le colloque scientifique international "Martin Parfait Aimé COUSSOUD-MAVOUNGOU", tenu les 28 et 29 Juillet 2023 à Pointe-Noire, sur le thème « l'action de l'État en mer et dans les eaux continentales au Congo », a dans son déroulé fait transparaitre la problématique suivante : « comment le Congo pourrait utilement profiter de son écosystème maritime et fluvial en vue d'un développement optimal dans le cadre de l'économie bleue ? ».

Cette question de départ a trouvé sa réponse dans les différents exposés suivis à partir de quatre (04) rubriques d'égale importance.

La première rubrique a permis aux participants de suivre les expériences française, togolaise et ivoirienne sur le concept de l'action de l'État en mer.

Il en ressort des similitudes indéniables, en dépit des différences que l'on peut observer, notamment au plan organisationnel et institutionnel.

La discussion entamée sur la question a conclu en l'importance d'une bonne articulation de l'action de l'État en mer et dans les eaux continentales (AEMEC), d'autant plus que deux secteurs sont vus comme des secteurs d'avenir, avec un potentiel sur le plan des débouchés salvateurs pour la jeunesse des État africains.

La deuxième rubrique sur la mise en œuvre de l'AEMEC a mis en exergue la nécessité d'une coordination et d'une mutualisation.

Au détour de la question, le point sur l'existence des aires marines protégées en vue de la protection et de la pérennisation des espèces a retenu l'attention des participants.

De même que la question de la sécurité et de la sûreté de la navigation intérieure. Pour cette dernière, il faut une réglementation claire, car l'économie fluviale mérite une mutation, du statut de l'informel vers le formel, afin de contribuer efficacement au budget de l'État. Pour ce faire, la contribution du numérique sera d'une importance considérable.

La troisième rubrique a donné lieu à une discussion utile autour de la place du pouvoir judiciaire dans l'AEMEC. On retient que, le juge répressif reste dans l'ensemble en retrait, en raison de la spécificité du secteur maritime. La commission des infractions laisse place à des transactions mieux qu'au développement d'un contentieux devant les prétoires. Néanmoins, en matière de lutte contre la criminalité en mer et dans les eaux continentales, il y'a une profusion de textes, tant internationaux que nationaux. Reste posée la question de leur effectivité.

La Convention MARPOL, un des nombres de ceux-ci, reste une référence, puisqu'elle associe la responsabilité de l'État du pavillon à celui du port, dans la poursuite et la répression des infractions en mer.

Par ailleurs, les incertitudes induites par la question de l'emploi des gardes armés privés à bord des navires de commerce, devrait préoccuper l'AEMEC. Le développement de la criminalité dans le Golfe de Guinée est en rapport avec cette question.

La quatrième rubrique est une projection, puisqu'elle a porté sur « les perspectives de l'action de l'État en mer et les eaux continentales ». À ce niveau, l'épineux problème demeure au-delà la volonté politique, celui du financement de l'AEMEC.

Il est apparu nécessaire de mettre en place des modalités de financement de l'AEMEC. Dans un premier temps, il est impérieux d'adopter les textes règlementaires sur le financement qui font défaut à l'AEMEC. L'intérêt du financement est de plusieurs ordres, en sorte qu'il est bon que tous les acteurs ayant des intérêts en mer et dans les eaux continentales participent au financement de l'AEMEC.

Il est apparu aussi nécessaire de rechercher des financements alternatifs, avec l'intervention des budgets privés, qui viendraient en soutien des budgets publics, tout en imaginant des mécanismes de remboursement. L'atteinte de cet objectif passe essentiellement par la formation à la gestion des projets.

Je vous remercie.

ALLOCUTION DE CLÔTURE DU SECRÉTAIRE PERMANENT DU COMITÉ INTERMINISTÉRIEL DE L'ACTION DE L'ÉTAT EN MER ET DANS LES EAUX CONTINENTALES

Éric Olivier Sébastien DIBAS-FRANCK

Monsieur le Conseiller du Président de la République, Chef de l'État ;

Amiral, Chef d'État-Major de la marine nationale, Président de la commission d'organisation du colloque ;

Monsieur le Secrétaire Permanent du comité interministériel de l'action de l'État en mer de Côte d'Ivoire ;

Madame le Procureur de la République ;

Messieurs les membres du Commandement de la Force Publique ;

Monsieur le Président de l'Association Béninoise de Droit Maritime et des Transports ;

Monsieur le Représentant de la Délégation de l'Union Européenne au Congo ;

Mesdames et Messieurs les Chefs de délégations du Bénin, du Cameroun, de la Côte d'Ivoire, de France, du Ghana, du Sénégal, et du Togo ;

Madame la Directrice Générale du Conseil des Chargeurs du Ghana ;

Messieurs les Directeurs Généraux ;

Monsieur le Directeur du Centre Régional de Sécurité Maritime de l'Afrique Centrale ;

Mesdames et Messieurs,

Au moment où nous achevons les travaux du colloque scientifique international « **Martin Parfait Aimé COUSSOUD-MAVOUNGOU** », sous le thème « l'action de l'État en mer et dans les eaux continentales au Congo »,

Je voudrais très sincèrement remercier tous les invités pour avoir répondu à notre appel.

Mes remerciements s'adressent particulièrement aux membres du Gouvernement de la République qui, en dépit de leur agenda très chargé, ont voulu bien faire le déplacement de Pointe-Noire ou se faire représenter à un haut niveau.

Mesdames et Messieurs,

L'objectif général du colloque a été de créer un cadre de concertation et de débats sur les enjeux et défis de l'action de l'État en mer et dans les eaux continentales en République du Congo dans le but d'en sortir des pistes et voies d'amélioration de la coordination des efforts visant à garantir l'émergence de l'économie bleue durable, à travers une harmonisation de la réponse juridique et matérielle à ces problématiques comme l'a indiqué Monsieur Ministre de la Santé et de la Population représentant Monsieur le Premier Ministre, Chef du Gouvernement, dans son discours d'ouverture.

Au regard des brillantes communications soutenues par un partage d'expériences sur le concept de l'action de l'État en mer et dans les eaux continentales, ainsi que des débats qui ont suivi, je puis personnellement affirmer que les objectifs sont à notre portée.

Mesdames et Messieurs,

Je peux affirmer sans ambages que le colloque est pour nous un véritable laboratoire dont on attend qu'elle féconde les conditions idoines de mise en œuvre du concept de l'action de l'État en mer et dans les eaux continentales.

Ce résultat est conforté par la déclaration de Pointe-Noire par laquelle les secrétaires permanents du comité interministériel de l'action de l'État en mer et dans les eaux continentales du Congo et de la Côte d'Ivoire s'engagent à œuvrer à la création d'un réseau africain des responsables des organes chargés de l'action de l'État en mer et dans les eaux continentales, en vue de renforcer les mécanismes institutionnels et fonctionnels de leur gouvernance.

Cet engagement sera élargi à l'ensemble des organes chargés de l'action de l'État en mer et dans les eaux continentales de toute la région de l'Afrique de l'Ouest et du Centre.

Mesdames et Messieurs,

Lors de la cérémonie d'ouverture j'invitais les participants au colloque d'avoir davantage un regard sur les eaux continentales partagées.

Je voudrais vous annoncer que, dans le cadre de la tenue tournante du colloque, la 3ème édition aura lieu dans la ville d'Oyo, Département de la Cuvette qui a l'avantage d'avoir le Port Autonome d'Oyo, concrétisation de la vision d'un Grand

Homme d'État, Monsieur le Président de la République, Chef de l'État Son Excellence Monsieur **Denis SASSOU-N'GUESSO.**

Je vous annonce également que les actes dudit colloque donneront lieu à publication.

Distingués Invités,

Mesdames et Messieurs

Le colloque a réservé une partie de ses travaux aux questions de financement de l'action de l'État en mer et dans les eaux continentales. Il ne peut y avoir d'action de l'État en mer et dans les eaux continentales sans financement. C'est donc une condition incontournable que j'espère surmonter avec tous les acteurs directement ou indirectement concernés.

En vous souhaitant un retour sûr et sécurisé dans vos lieux de résidence habituels, je déclare, au nom de Monsieur **Anatole Collinet MAKOSSO**, Premier Ministre, Chef du Gouvernement, Président du comité interministériel de l'action de l'État en mer et dans les eaux continentales, clos, les travaux du deuxième colloque scientifique international **Martin Parfait Aimé COUSSOUD-MAVOUNGOU.**

Je vous remercie.

TABLE DES MATIERES

CÉRÉMONIE D'OUVERTURE

ALLOCUTION DU SECRÉTAIRE PERMANENT DU COMITÉ INTERMINISTÉRIEL DE L'ACTION DE L'ÉTAT EN MER ET DANS LES EAUX CONTINENTALES
Éric Olivier Sébastien DIBAS-FRANCK 17

DISCOURS D'OUVERTURE
de son Excellence Monsieur Gilbert MOKOKI 29

INTRODUCTION GÉNÉRALE DES TRAVAUX DU COLLOQUE
par le Professeur Godefroy MOYEN 35

SOUS-THÈME 1 :
PARTAGE D'EXPÉRIENCES SUR LE CONCEPT DE L'ACTION DE L'ÉTAT EN MER ET DANS LES EAUX CONTINENTALES

L'ACTION DE L'ÉTAT EN MER AU TOGO
par Binessi AKAKPO 41
INTRODUCTION 41
CADRE INSTITUTIONNEL DE L'AEM AU TOGO 41
UN CADRE JURIDIQUE MARITIME RENOVE 44
AMELIORATION DU CADRE OPERATIONNEL ... 45
CONCLUSION 46

L'ÉCONOMIE BLEUE EN AFRIQUE : POTENTIALITÉS, DÉFIS DE CROISSANCE ET EMPLOIS

par Ernest TINDO 47
I- L'ÉCONOMIE BLEUE DANS LA POLITIQUE AFRICAINE DE DÉVELOPPEMENT 47
II- LES POTENTIALITÉS DE L'AFRIQUE DANS LE SECTEUR DE L'ÉCONOMIE BLEUE 49
III- LES DÉFIS DE CROISSANCE DE L'ÉCONOMIE BLEUE EN AFRIQUE 52
IV- LES EMPLOIS DANS L'ÉCONOMIE BLEUE : UNE OPPORTUNITE POUR LA JEUNESSE AFRICAINE 54
V- CONCLUSION 58

CADRE JURIDICO-INSTITUTIONNEL DE GESTION DES AIRES PROTÉGÉES EN RÉPUBLIQUE DU CONGO

par Jean-Bosco NGANONGO 59
INTRODUCTION 59
I- ENGAGEMENTS INTERNATIONAUX 60
II- ENGAGEMENTS TRANSFRONTALIERS 60
III- AU NIVEAU NATIONAL 61
IV- CADRE INSTITUTIONNEL 62
V- PROCESSUS DE CREATION DES AP AU CONGO 62

SOUS-THÈME 2 :
MISE EN ŒUVRE DE L'ACTION DE L'ÉTAT EN MER ET DANS LES EAUX CONTINENTALES : COORDINATION ET MUTUALISATION

L'ACTION DE L'ÉTAT EN MER EN CÔTE - D'IVOIRE

par Abroulaye FOFANA 67
CONTEXTE 67
INTRODUCTION 68

I- PRÉSENTATION DU DOMAINE MARITIME ET FLUVIO-LAGUNAIRE DE LA CÔTE D'IVOIRE 69
II- DÉFIS 70
III- INITIATIVES 71
1- Echelle régionale et sous régionale 71
2- initiatives nationales 72
IV- CONCEPT DE L'ACTION DE L'ÉTAT EN MER ...72
V- CADRE JURIDIQUE ET INSTITUTIONNEL DE L'ACTION DE L'ÉTAT EN MER 73
1- Le cadre juridique de l'AEM 74
2- Le cadre institutionnel 75
VI- AXES STRATEGIQUES DE LA SNAEM 78
VII- MISSIONS PRINCIPALES DU SEPCIM-AEM 78
VIII- ACTIVITES MARQUANTES 79
1- Cadre opérationnel et informationnel 79
2- Cadre juridique 80
3- Coopération régionale 80
4- Coopération internationale 80
5- Développement économique 81
6- Formation 81
CONCLUSION 81

LA SÉCURITÉ ET LA SÛRETÉ FLUVIALES A L'ÉPREUVE DU CODE DE LA NAVIGATION INTÉRIEURE CEMAC/RDC
par Lionel Darnel KONABEKA EKAMBO APETO 83
INTRODUCTION 83
I- LA CONSECRATION DES REGLES DE SÉCURITÉ FLUVIALE DANS LE CODE DE LA NAVIGATION INTÉRIEURE CEMAC/RDC 87
A- La distinction entre la sécurité et la sûreté fluviales 87
B- Les règles de sécurité fluviale fixées par le code de la navigation intérieure CEMAC/ RDC 88

1- Titre II : Des voies de navigation intérieure ... 89
2- Titre III : Des bâtiments de navigation intérieure 90
3- Titre IV : Du personnel navigant 91
4- Titre V : Des règles de routes et de stationnement 91
5- Titre VI : De la police sanitaire 92
6- Titre VII : Des dispositions relatives à l'environnement 92
7- Titre VIII : De l'inspection de la navigation fluviale .. 92
8- Titre IX : Du régime disciplinaire et pénal 92
9- Des droits et taxes 92
10- Des Annexes 92
II- LA SÉCURITÉ FLUVIALE A L'ÉPREUVE DES FAITS 93
A- La transposition des règles de sécurité fluviale dans la législation et la réglementation nationales 94
A_1- Des textes législatifs : il s'agit, notamment, des lois, ordonnances et accord tripartite ci-après 94
A_2- Des textes règlementaires : il s'agit, notamment, des décrets et arrêtés ci-après 95
A_3- Des textes règlementaires : notes circulaires 97
A_4- Pallier aux insuffisances du code CEMAC/RDC 100
B- Les difficultés de mise en œuvre des règles de sécurité fluviale prévues dans le code de la navigation intérieure CEMAC/RDC au Congo 102
CONCLUSION 104

LE RÔLE DE LA MARINE NATIONALE DANS LA SÉCURISATION DES ESPACES MARITIMES ET DES EAUX CONTINENTALES

par Joël Lionel GACKOSSO 107
INTRODUCTION 107
A- Présentation de la marine nationale 108
B- La marine nationale dans la sécurisation des franges maritime et fluviale 109

B.1. Contribution de la marine nationale dans la sécurisation des espaces maritimes et fluviaux 111
B.1.1. Le volet coopération - coordination 111
B.1.2. Le volet formation 112
C- Le cadre juridique des actions menées par la marine nationale 113
CONCLUSION 114

SOUS-THÈME 3 :
LA PLACE DU POUVOIR JUDICIAIRE DANS L'ACTION DE L'ÉTAT EN MER ET DANS LES EAUX CONTINENTALES

LA PLACE DU POUVOIR JUDICIAIRE DANS L'ACTION DE L'ÉTAT EN MER ET DANS LES EAUX CONTINENTALES
par Yannick Olsen ONDAYE 117
INTRODUCTION 117
I- LE RÔLE DU PROCUREUR DE LA RÉPUBLIQUE DANS LA CELLULE DE CRISE PREFECTORALE .. 118
II- LES LIMITES DU PROCUREUR DE LA RÉPUBLIQUE DANS LE CADRE DE L'ACTION DE L'ÉTAT EN MER ET DANS LES EAUX CONTINENTALES 120
III- LE RÔLE DE LA FORMATION DE JUGEMENT 121
CONCLUSION 122

LA LUTTE CONTRE LA CRIMINALITE ET LES ACTES ILLICITES EN MER
par Kefrene Egron GOMA 123
INTRODUCTION 123
I- LE DISPOSITIF DU DROIT INTERNATIONAL ET DU DROIT COMMUNAUTAIRE DE LUTTE CONTRE LA CRIMINALITE ET LES ACTES ILLICITES EN MER 126
A- L'incrimination des actes illicites commis en haute mer et sur le plateau continental 126
B- L'incrimination des actes illicites en mer sans détermination du lieu de commission 129

II- LES INITIATIVES NATIONALES DE LUTTE CONTRE LA CRIMINALITE ET LES ACTES ILLICITES EN MER 131
A- Des initiatives nationales plus adaptées au plan institutionnel 131
B- Des initiatives nationales inachevées au plan normatif 135
CONCLUSION 136

LA SÉCURITÉ DE LA NAVIGATION DANS LES EAUX CONTINENTALES EN RÉPUBLIQUE DU CONGO
par Hérissonne PAYIMA LOMBOBO 137
INTRODUCTION 137
Première partie : Les acteurs de la sécurité de la navigation en République du Congo 141
A- Les acteurs nationaux 142
1- Le ministère de l'Économie fluviale et des voies navigables et les organes d'appui 142
2- Le Secrétariat permanent du Comité interministériel de l'action de l'Etat en mer et dans les eaux continentales (SEPCIM-AEMEC) 145
B - Les acteurs sous-régionaux 147
1- Le GIE-SCEVN 147
2- Le rôle de la CICOS dans la sécurité de la navigation 148
Deuxième partie : L'application difficile des règles de sécurité de la navigation transfrontalière 150
A- Les règles de sécurité des voies de navigation 150
1 - L'entretien insuffisant des voies de navigation 151
2- Le balisage des voies navigables 152
B- L'ineffectivité des règles de sécurité des dépendances des voies de navigation 154
1- La sécurité des bâtiments 154
2- La vétusté des équipements et installations portuaires 155
CONCLUSION 156
BIBLIOGRAPHIE 158

LA CONVENTION INTERNATIONALE DE 1973 POUR LA PREVENTION DE LA POLLUTION PAR LES AVIRES ET SON PROTOCOLE DE 1978 (MARPOL 73/78)
par Jean Félix MOUTHOUD-TCHIKAYA 161
I- CONTEXTE DE SON ADOPTION 161
A- Champ d'application 161
B- Définition du navire 162
C- Règles relatives à la prévention de la pollution par les hydrocarbures 162
ANNEXE I 162
ANNEXE II 163
ANNEXE III 163
ANNEXE IV 164
ANNEXE V 164
ANNEXE VI 164
II- BILAN ET PERSPECTIVES 165
1- MARPOL est sur le plan du droit international l'instrument juridique majeur de ces 50 dernières années, en matière de prévention et de lutte contre les pollutions marines de tous genres 165
2- Sur le plan de la coordination et de l'efficacité de la lutte contre les navires sous norme 166
3- La mise en place d'un régime de coopération, de responsabilité et d'indemnisation en cas de pollution 166

L'EMPLOI DES GARDES ARMES PRIVES À BORD DES NAVIRES DE COMMERCE
par Jean-Jacques OKAMBA 169
I- CONTEXTE 169
II- REPONSE REGLEMENTAIRE 170
A- Evolution du positionnement de l'OMI au sujet des Personnels armés sous contrats privés (PCASP) 171
B- Directives et recommandations intérimaires de l'OMI au sujet des PCASP 172

III- LA PRÉSENCE DES PERSONNELS ARMES A BORD DES NAVIRES NÉCESSITE QUE SOIENT ANALYSES ET ÉCLAIRCIS 174
IV- LE CONGO EST MEMBRE DES NATIONS UNIES, DE L'UNION AFRICAINE, DE LA CEMAC, DE LA CEEAC ET A SIGNE PLUSIEURS NGAGEMENTS RÉGIONAUX, INTERNATIONAUX ET DOIT ESSAYER DE SE CONFORMER A LA MISE EN ŒUVRE DE CEUX-CI 174

SOUS-THÈME 4 :
PERSPECTIVES DE L'ACTION DE L'ÉTAT EN MER ET DANS LES EAUX CONTINENTALES

PERSPECTIVES DE L'ACTION DE L'ÉTAT EN MER ET DANS LES EAUX CONTINENTALES
par Rosalie MATONDO 177

LA PROBLEMATIQUE DU FINANCEMENT DE L'ACTION DE L'ÉTAT EN MER ET DANS LES EAUX CONTINENTALES EN RÉPUBLIQUE DU CONGO
par René NGANONGO 181
INTRODUCTION 181
I- RAPPEL SUR LES FONDEMENTS DE L'AEMEC 183
1- Cadre juridique et institutionnel 184
2- Principes 184
3- Acteurs concernés 185
4- Cadre d'organisation 185
5- Possibilités de financement à partir du cadre juridique de l'AEMEC 186
6- Perspectives 187
II- INTERET DU FINANCEMENT DE L'AEMEC 188
1- Les préoccupations majeures 188
a. Sur les installations pétrolières offshores ... 188
b. Sur les réserves halieutiques 189

c. Sur les navires et installations portuaires 189
d. Sur les personnes humaines 189
e. En termes de risques sécuritaires potentiels 189
2- Les exigences capacitaires 189
a. En matière de sécurisation et surveillance de la ZEE et des plateformes pétrolières 190
b. En matière de surveillance de pollution 190
c. En matière de renforcement de la répression ... 190
d. En matière d'infrastructures portuaires 191
III- PISTES DE FINANCEMENT 192
1- Premièrement 192
2- Deuxièmement 193
3- Troisièmement 193
4- Quatrièmement 193
CONCLUSION 194

CÉRÉMONIE DE CLÔTURE

SYNTHESE DES TRAVAUX DU COLLOQUE
par le professeur Godefroy MOYEN 199

ALLOCUTION DE CLÔTURE DU SECRÉTAIRE PERMANENT DU COMITÉ INTERMINISTÉRIEL DE L'ACTION DE L'ÉTAT EN MER ET DANS LES EAUX CONTINENTALES
Éric Olivier Sébastien DIBAS-FRANCK 203

Structures éditoriales du groupe L'Harmattan

L'Harmattan Italie
Via degli Artisti, 15
10124 Torino
harmattan.italia@gmail.com

L'Harmattan Hongrie
Kossuth l. u. 14-16.
1053 Budapest
harmattan@harmattan.hu

L'Harmattan Sénégal
10 VDN SICAP AMITIE 3
BP 45034 Dakar-Fann
direction@senharmattan.com

L'Harmattan Cameroun
Tsinga/Derrière polyclinique FECAFOOT
BP 11486 Yaoundé
Jacques.koukam@harmattan.fr

L'Harmattan Burkina Faso
Villa 281, secteur 23 623, rue 14.32
Ouagadougou
zagbie@outlook.fr

L'Harmattan Guinée
Almamya, rue KA 028 OKB Agency
BP 3470 Conakry
harmattanguinee@yahoo.fr

L'Harmattan RDC
185, avenue Nyangwe
Commune de Lingwala - Kinshasa
matangilamusadila@yahoo.fr

L'Harmattan Congo
219, avenue Nelson Mandela
BP 2874 Brazzaville
deunovmikhael@gmail.com

L'Harmattan Mali
Immeuble Mgr Jean Marie Cissé
Aci Hamadallaye
BP 145 Bamako
syllaka@yahoo.fr

L'Harmattan Togo
Djidjole - Maison Amela
face EPP BATOME
02 BP 20680 Lomé
didieramela11@gmail.com

L'Harmattan Côte d'Ivoire
Résidence Karl - Cité des Arts
Abidjan-Cocody
03 BP 1588 Abidjan
harmattan.ivoire@gmail.com

L'Harmattan Bénin
Rue 604, (Immeuble à l'entrée
de la rue UCAO- Cite de Saint-Jean)
Cotonou
stepcorpus@gmail.com

Nos librairies en France

Librairie internationale
16, rue des Écoles
75005 Paris
librairie.internationale@harmattan.fr
01 40 46 79 11
www.librairieharmattan.com

Librairie des savoirs
21, rue des Écoles
75005 Paris
librairie.sh@harmattan.fr
01 46 34 13 71
www.librairieharmattansh.com

www.ingramcontent.com/pod-product-compliance
Lightning Source LLC
LaVergne TN
LVHW010925061026
849535LV00007B/2233
* 9 7 8 2 3 3 6 5 3 1 4 3 4 *